U0945151

新农村建设中福建农民教育研究

林克显　著

中国农业出版社

前　　言

农业、农村、农民问题是中国革命和建设的首要问题。党的十六届五中全会提出了建设社会主义新农村的重大历史任务。建设新农村需要新农民。党的十七大报告强调要"培育有文化、懂技术、会经营的新型农民，发挥亿万农民建设新农村的主体作用"。开展农民教育是提高农民素质，培养新型农民，建设社会主义新农村的重要措施。

笔者出生在农村，成长在农村，1986 年考入福建农学院农学系，毕业后留校工作，与"农"结下了不解之缘。2003 年 9 月，笔者考取福建农林大学作物科学学院持续发展与推广学在职博士研究生，2004 年 5 月，笔者又调任福建农林大学成人教育学院主持工作。在学习和工作实践中，对福建省农民教育的现状和存在问题有了更多的接触和思考，深感加强农民教育在提高农民素质、增加农民收入和社会主义新农村建设中的重要性、紧迫性。

鉴于此，笔者以"新农村建设进程中福建省农民教育"为题，以科学发展观、人力资本理论和二元经济理论作为研究的理论基础，采用文献研究法、调查研究法、比较分析法、个案分析法，对发达国家和地区农民教育的先进经验进行概括，对福建省农村经济社会发展与农民教育的相互关系进行论证，对近年来福建省农民教育的实践进行总结，对福建省新农村建设进程中农民教育存在的问题进行剖析，对福建省新农村建设面临的形势任务和农村经济社会发展的总体趋势进行深入的研究。在此基础上，提出了新农村建设进程中福建省农民教育的未来发展战略，以及加强和改进福建省农民教育的具体对策措施。

本研究从选题到完成，倾注了导师林文雄教授的大量心血。同时，也得到了福建农林大学成人教育学院、作物科学学院的领导、老师、同学和福建省科协、省农函大、省委组织部、省农办、省自考办等部门领导以及有关方面朋友的支持和帮助！在此，谨致以衷心的感谢！

由于笔者的学识有限，研究也欠深入，因此本研究还存在很多不足，恳请大家批评指正。笔者将以此为新的起点，在今后的人生道路上，继续加强学习，继续关注农民教育的发展，开展相关的研究和探索，努力为推进社会主义新农村建设尽绵薄之力。

编　者

2008年12月于福州

目　录

第一章　引　言

农业、农村和农民问题是中国特色社会主义建设的首要问题。中国共产党的十六届五中全会提出了建设社会主义新农村的重大历史任务。建设新农村关键就是培育新农民。培养造就一大批有文化、懂技术、会经营的新型农民是建设社会主义新农村的客观要求。加强农民教育，加快农村人力资源开发，大力培养各类农村实用人才，全面提高农村劳动者的科学文化素质，促进农业和农村经济持续健康快速发展，是时代赋予的历史使命。

1.1 农民教育的内涵、特点

1.1.1 农民教育的内涵

在现代英语中，教育是“education”，是起源于拉丁文“educare”。意思就是采用一定的手段，把某种本来就潜藏于人身上的东西引导出来，从潜质转变为现实。

在教育学界，关于“教育”的定义多种多样，可谓仁者见仁，智者见智。一般来说，人们是从不同的角度对“教育”下定义的，一个是社会的角度，另一个是个体的角度，但二者都各有偏颇。笔者这里采取的教育之定义，兼顾了社会和个体两个方面。教育是在一定的社会背景下发生的促进个体的社会化和社会的个性化的实践活动。《新华词典》给出的定义是：教育，指按照一定社会、一定阶级的要求培养人的工作。它对受教育者的身心发展施以影响，使他们形成一定的思想品德，获得一定的知识技能，锻炼出健康的体魄。教育一般指学校教育，但也包括社会教育和家庭教育。就字面意思，教有传授知识技能的一层意思；育有培养，教育的意思。我们这里主要指社会教育，为使受教育者获得一定的知识技能的教育。

农民教育，是指政府、社会团体及个人，采取各种不同的方式方法，应用农业自然科学和农村社会科学原理，面向农民群众开展的科学文化知识及农业新成果、新技术、新知识和新信息教育、咨询、开发和推广服务等活动。其目的是提高农民的政治素质、文化素质、科技素质、经营管理素质和身体素质，把农民培训成为有社会主义觉悟、有文化技术、会生产经营、脑力劳动和体力劳动相结合的新型农民。教育内容包括时事政策、文化知识、实用技术、管理知识等。随着农民政治文化水平的提高，农民教育的内容也在不断地拓展和深化。教育内容具有实用性、速成性、灵活性和先进性。

农民素质，主要是指农民的思想道德素质、科学文化素质和生产技能素质。[①] 其基本内涵包括：农民运用其所拥有的知识技能和经验，辨别是非曲直，坚持正确的思想道德和行为准则的能力；农民运用其所拥有的知识技能和经验，发展农业和农村经济，增加收入、改善生活条件的能力；农民运用其所拥有的知识技能和经验，积极参与管理和正确处理农村社会事务的能力。

本研究的主要对象是福建省农、林、牧、渔从业人员以及农民工等广义的农民教育，而不是仅仅局限于耕田种地之类这样狭义的农民教育。它包括农业技术的推广和应用、实用技术的培训、农民村级技术员培训、农村富余劳动力转移培训、农民的职业技术教育、农民的思想文化素质的提高，等等。

1.1.2 农民教育的特点

从宏观上看，我国的农民教育主要有以下几个方面的特点：

① 《辞海》，上海辞书出版社 1989 年版。

1. 多部门参与

由于我国农民量大、面广，教育培训工作涉及到了很多部门。特别是以农业广播电视教育为重点的农民职业教育，就有中组部、国家发改委、财政部、人事部、劳动与社会保障部、农业部、教育部、科技部、国家林业局、中国科协、全国妇联、团中央、中央人民广播电台、中央电视台和中国农学会等部门的参与和支持。目前的联合办学单位已经发展到了22个。与之相适应，地方各级也有相应的部门参与到农民职业教育的事业中来。

2. 多层次办学

根据我国农业和农村的现状，对农民的职业教育、科技培训主要开展了实用技术培训、绿色证书教育、跨世纪青年农民培训（后改名为新型农民培训）、学历证和技能证的“双证”教育、中专教育、中专后继续教育、大专教育等不同层次的教育。随着时代的发展，各地结合本地农业生产对人才的需求，开展了更高层次的本科教育和研究生教育。

3. 多形式办学

广大农民教育工作者认真研究农业生产和农民对教育培训的需求，在农民教育实践中有很多形式灵活多样的教学培训模式，很适合我国农村的特点和农民的需求。有以中专为主体的学历教育班，有以实用技术为主体的非学历教育短期培训班，还有为进一步提高自己的高层次的大专、本科、研究生班等。农民可以根据自己的实际情况上脱产班，也可以上非脱产班。农民还可以根据农时活动，参加季节性学习班等。

4. 多途径办学

我国农民职业教育培训资源互用、优势互补，尤其是农业广播电视教育积极同大专院校、普通中专、职业中学、科研单位、企业及社团组织密切配合，联合办学，充分体现出“少花钱，办大事”的独特优势。

5. 多学科教育

对农民的职业教育涉及到了农业生产、农村社会的方方面面，教育培训所涉及的学科和专业十分广泛。目前教育培训的内容涵盖了农学、林学、畜牧、水产、经济与管理、农业工程、能源环保、人力资源开发、农村社会管理等各个门类，加上短期的专项实用技术培训，有近百个专业、上千门课程，覆盖了整个大农业生产和农村社会生活的各个方面。

6. 多功能服务

我国农民职业教育的服务对象主要有乡村干部、农业服务体系人员、科技示范户、种植大户、养殖大户、骨干农民以及小学、初中、高中毕业后未能继续升学深造的人员。在实施职业教育的过程中，既传授科技知识，又进行技术示范和训练，还提供各类产、供、销及种、养、加等相关信息，为农民提供多种服务。

1.2 问题的提出及研究意义

1.2.1 问题的提出

改革开放以来，党中央、国务院一直都高度重视“三农问题”，把搞好农村工作，发展农业生产，改善农民生活作为全党工作的重中之重。1998 年 10 月 14 日，党的十五届三中全会通过了《中共中央关于农业和农村工作若干重大问题的决定》。会议认为：要实现我国跨世纪发展的宏伟目标，必须保持农业和农村经济的持续稳定发展。十二亿多的人口，九亿是农民，农业、农村、农民问题是关系到改革开放和现代化建设的全面的重大问题。没有农业的现代化就没有整个国民经济的现代化。

党的十六届五中全会通过了《中共中央关于制定国民经济和社会发展第十一个五年规划的建议》，明确了今后 5 年我国经济社会发展的奋斗目标和行动纲领，提出了建设社会主义新农村的重大历史任务，为做好当前和今后一个时期的“三农”工作指明了方向。《建议》指出：“十一五”时期要高举邓小平理论和“三个代表”重要思想伟大旗帜，全面贯彻落实科学发展观，统筹城乡经济社会发展，实行工业反哺农业、城市支持农村和“多予少取放活”的方针，要按照“生产发展、生活宽裕、乡风文明、村容整洁、管理民主”的要求，协调推进农村经济建设、政治建设、文化建设、社会建设和党的建设。[①] 2004 年以来，党中央、国务院连续下发了五个有关农业生产、农村发展和农民增收的“一号文件”。这五个“一号文件”从增加农民收入到提高农业综合生产能力，从建设社会主义新农村到提高农民素质和创业能力，广大人民群众可以看出中央对解决“三农”问题越来越清晰的思路——在促进农民增收的同时，提高广大农民的科技文化水平，以高素质的农民来建设社会主义新农村。

2007 年，胡锦涛同志在党的十七大报告中指出“必须适应国内外形势的新变化，顺应各族人民过上更好生活的新期待，把握经济社会发展趋势和规律，坚持中国特色社会主义经济建设、政治建设、文化建设、社会建设的基本目标和基本政策构成的基本纲领，确保 2020 年实现全面建成小康社会的奋斗目标”。[②] 要实现这一伟大的奋斗目标，其中重要的一点就是必须统筹城乡发展，推进社会主义新农村建设。而建设社会主义新农村的关键就是“要加强农业的基础地位，走中国特色农业现代化道路，繁荣农村经济，加强农村基础设施建设，健全农村市场和农业服务体系，促进农业科技进步，促进农民增收和农民就业，发展农民专业合作组织，培育有文化、懂技术、会经营的新型农民，发挥亿万农民建设新农村的主体作用”[③]。新农民建设新农村，新农村

① 中共中央国务院编：《中共中央国务院关于推进社会主义新农村建设的若干意见》，人民出版社 2006 年版。

② 胡锦涛：《高举中国特色社会主义伟大旗帜 为夺取全面建设小康社会新胜利而奋斗》，人民出版社 2007 年版，第 19 页。

③ 胡锦涛：《高举中国特色社会主义伟大旗帜 为夺取全面建设小康社会新胜利而奋斗》，人民出版社 2007 年版，第 19 页。

建设首先体现在其主体即农民的"新"上。这一重大战略思想，抓住了新农村建设的关键所在，是当前和今后一个时期新农村建设的核心问题和首要任务。

当前，绝大多数农村劳动力仍属于体力型和传统经验型农民，文化素质低，还没有掌握现代生产技术。根据国家统计局发布的《第二次全国农业普查主要数据公报》：2006 年末，农村劳动力资源总量为53 100万人。农村劳动力资源中，文盲3 593万人，占 6.8%；小学文化程度17 341万人，占 32.7%；初中文化程度 26 303 万人，占 49.5%；高中文化程度 5 215 万人，占 9.8%；大专及以上文化程度 648 万人，占 1.2%。①

表 1-1 农村劳动力资源总量及构成

	全 国	东部地区	中部地区	西部地区	东北地区
农村劳动力资源总量（万人）	53 100	19 828	14 582	15 142	3 548
农村劳动力文化程度构成（%）					
文盲	6.8	4.6	6.7	10.7	2.6
小学	32.7	28.3	29.8	41.0	33.2
初中	49.5	53.9	52.0	39.7	56.7
高中	9.8	11.8	10.4	7.5	6.4
大专及以上	1.2	1.4	1.1	1.1	1.1

在 592 个扶贫重点县的剩余劳动力中，16.5%是文盲或半文盲，38.5%是小学程度，加上身体和年龄方面的限制，有 2/3 以上的贫困地区劳动力不符合城镇大多数工作所要求的"具备初中以上文化程度、青壮年、健康劳动力"等条件。农村剩余劳动力中，受过技能培训的不足 7%，96%从来没有外出务工。② 文化程度这么低的农村劳动力难以承担建设新农村的重任，也必将影

① 中华人民共和国国家统计局：《第二次全国农业普查主要数据公报》（第五号），[EB/OL]．(2008－02－28) http：//www.stats.gov.cn。

② 于北：《培育新型农民：新农村建设的基础》，《党课参考》，2008 年第 4 期第 16 页。

响中国农业现代化的进行。因此，必须通过加强农民教育来培育新型农民。也只有通过加强农民教育，才能培养和造就千千万万高素质的新型农民，才能为实现农业和农村现代化提供智力支持和人才保障，才能把我国巨大的人口压力转化为“有文化、懂技术、会经营”的人力资本优势，才能保障社会主义新农村建设的顺利完成。

纵观世界经济发展水平不同的国家，可以发现：一个国家公民受教育的程度越高，整个国家的科学文化素质和知识生产要素发展就越快，经济增长幅度也就越大。西奥多·W·舒尔茨提出：“在解释农业生产的增长量和增长率的差别时，土地的差别是最不重要的，物质资本的质的差别是相当重要的，而农民的能力的差别是最重要的”。[①] 他认为，发展中国家的传统农业是不能对经济增长做出贡献的，只有现代化的农业才能对经济增长做出重大贡献，问题的关键是如何把传统农业改造为现代化农业。西奥多·W·舒尔茨提出，改造传统农业的关键是要引进现代农业生产要素，实际上就是技术。如何才能通过引进现代生产要素改造传统农业呢？主要一项工作就是对农民进行人力资本投资，即对农民开展教育。有关研究表明，中国农民在校受教育时间每增加一年，其收入就可增长3.6％～5.5％。如第一产业从业人员受教育水平达到城市人口受教育水平，城乡居民收入差距可缩小15％～20％，农民收入就会大幅度提高。[②]为了使广大农民能够担当起新农村建设的重任，必须大力开展农民教育，全面提高农民素质。

2004年，福建省委、省政府提出了建设对外开放、协调发展、全面繁荣的“海峡西岸经济区”这一重大的战略构想。几年来，全省各级农业部门深入贯彻落实科学发展观，认真落实中央和省委、省政府扶持农业农村发展的各项政策措施，紧紧围绕农

① （美）西奥多·W·舒尔茨著，梁小民译：《改造传统农业》，商务印书馆1964年版，第156页。

② 程海青：《培育新型农民：增收扩需的重要途径》，《党课参考》，2008年第4期第18页。

业增效、农民增收和农村稳定这一中心，全面推进海峡西岸现代农业和社会主义新农村建设，农业和农村经济保持了持续、较快的发展态势。但目前福建省农业农村经济发展仍然面临许多新情况新矛盾新问题：农业基础薄弱、农村发展滞后的局面尚未根本改变；散养户饲养管理仍然比较粗放，加之重大动物疫情的威胁增多，基层防疫体系又不够健全，疫病防控难度越来越大；由于作为生产主体的农民分散经营，加之农产品产加销一体化程度低，环节多、链条长、安全隐患多，要保障农产品质量安全难度很大；有的地方基层农技推广体系仍然存在机构撤、队伍散、经费缺的状况，为农民服务问题依然未得到彻底的解决；农民增收渠道不多，增收后劲不足，化肥、农药等农资价格高位运行，要继续保持农民收入快速增长压力加大；农业生产组织化程度低和农业服务体系弱的问题依然突出；务农劳动力整体素质呈结构性下降，在一定程度上影响了农业生产①；农民不适应现代农业发展的要求，还没有从传统的农业发展思路中解脱出来；城乡民收入差距继续拉大，等等。这些问题归结起来，最主要的就是农业科技水平和农民文化素质不高。因此，广大农业工作者必须居安思危，坚持以科学发展观为指导，从建设中国特色社会主义全局的高度，准确分析农业农村经济发展的形势，把握发展规律，创新发展理念，转变发展方式，破解发展难题，提高发展质量和效益，切实加强对福建农民的教育培训工作，努力提高农民综合素质，促进福建省社会主义新农村建设实现新的跨越。

1.2.2 研究意义

当前，福建省已经进入到了全面建设小康社会和全面推进社会主义现代化进程的历史时期。但福建省仍然存在着城乡差距

① 2005年，福建省农村文盲率仍然较高，农村劳动力平均受教育年限不足9年，初中及以上文化程度的占15%，远低于城市人口的水平。

大，农业基础设施脆弱，农村社会事业发展滞后，农民收入增加缓慢等诸多困难和问题。党的十六届五中全会作出的建设“生产发展、生活宽裕、乡风文明、村容整洁、管理民主”的社会主义新农村的重大战略决策，为从根本上解决“三农”问题指明了方向。通过加强海峡西岸（福建）新农村建设进程中农民教育问题的研究，可以进一步明确加强农民教育的意义，正确分析农民教育的现状和存在的问题，进一步明确发展思路和改进措施，推动海峡西岸新农村建设又好又快地进行。

1. 有利于推进农村政治文明的建设

农民教育是关系本固邦宁的根本问题，对于国家建设，民族复兴的意义重大。党的十七大明确提出：人民依法直接行使民主权利，管理基层公共事务和公益事业，实行自我管理、自我服务、自我教育、自我监督，对干部实行民主监督，是人民当家作主最有效、最广泛的途径，必须作为发展社会主义民主政治的基础性工程重点推进。要健全基层党组织领导的充满活力的基层群众自治机制，扩大基层群众自治范围，完善民主管理制度，把城乡建设成为管理有序、服务完善、文明祥和的社会共同体。这充分表明，农村的民主与法制建设，与发展农村经济、增加农民收入一样重要，都是建设社会主义新农村的重要内容。

要建设社会主义新农村，就要使社会主义民主更加完善，社会主义法制更加完备，依法治国的基本方略得到全面贯彻落实，人民的政治、经济、文化权益得到切实尊重和保障；就要使基层民主更加健全，社会秩序良好，人民安居乐业，其核心就是四个字即“民主”与“法制”。要实现这一目标，既有赖于依法治国实践的发展，更有赖于国民素质的提高。总之，要使我国成为一个真正民主和法制的社会还有很长的路要走，相对而言，农村显得更加艰难，任务更加艰巨。要加快我国农村社会的民主和法制化进程，实现农村社会的全面进步，就必须加强农民教育，提高农民素质。关键在于培养农民、教育农民、引导农民，不断增强农民群众的民主观念和法律意识。教育农民带头除陋习、树新风，倡导文明新风尚，通过一系列的活动，比如开展“五好家庭”、“文明家庭”的评比表彰活动，引导农民崇尚科学、抵制迷信、移风易俗、破除陋习、提倡科学健康的生活方式，在农村形成文明向上的社会风貌。有了这样的农村民主法制建设基础，就可以使农民群众珍惜自己的民主权利，保护自己的合法利益，理顺农村的社会关系，从而实现依法治国，建设和谐社会和社会主义政治文明。

2. 有利于推进海峡西岸新农村建设

建设社会主义新农村是全面建设小康社会的必然要求。没有农民的小康就没有全国人民的小康，没有农村的现代化就没有国家的现代化。福建省现在达到的小康还是低水平的、不全面的、发展很不平衡的小康，差距主要在农村。相对于城市来说，农村实现全面建设小康社会目标面临的任务要艰巨得多。如果农业基础不稳，农民收入得不到提高，农村发展长期滞后，全面建设小康社会的目标就难以实现，现代化建设的进程就会受到影响。而农民是农村的主人，是农村经济、社会、文化、环境建设的主体，是社会主义新农村建设的主体。建设社会主义新农村，首先要充分调动亿万农民的积极性和主动性，使其真正发挥主体性作用。新农村需要有文化、懂技术、会经营的新型农民，新农民才能建设新农村。而农民教育就是通过科学技术、思想道德等方面知识的培养，造就一批批新农民，担当起新农村建设的重任。

福建省近几年致力于“提高人口素质”和“科教兴闽”的人口发展战略，不断加大教育投入，努力发展教育事业，使全省人口受教育水平得到很大的提高。2005 年人均受教育年限达到 7.5 年，比 1990 年的 6.0 年提高了 1.5 年，但低于沿海经济发达省份、低于全国人口平均受教育 9 年的水平。福建省人口文化素质与经济发展水平极不相称，人口素质偏低已经成为阻碍经济社会发展的重要因素。当务之急是从教育抓起，实施教育适度超前战略，大力提高劳动者素质，以满足经济发展和结构调整的要求，尤其要强化对农民的教育和技能培训，提高农民的文化和技能素质。

3. 有利于推进农业科学技术的推广和应用

由于我国农村人口基数大，耕地面积少，这就决定了我们必须增加农业生产的科技含量，延长农业产业链，提高农业生产的经济效益。特别是应用生物技术，培育新的农业品种，发展高产优质高效的现代农业技术。尤其在我国加入 WTO 后，农业要纳入国际农业的平台运作，农民的素质和科技文化水平如何，就成为农业和农村经济发展至关重要的因素。提高粮食产量、确保粮食安全，必须依靠科技；提高农产品质量，增强农业综合生产能力也要科技，科技将为农业现代化提供强大的动力支持。从福建的情况看，科技创新，为农业发展提供了强有力的技术支撑。2007 年，科学技术对福建省农业增长的贡献率为 42%。如测土配方施肥，福建全省建立示范面积 2.29 万公顷，实施测土配方施肥面积 31.93 万公顷，其中国家级项目县实施面积 17.40 万公顷、省级项目县 14.53 万公顷，预计可实现节本增效 2 亿元。[①]农民是农村经济和社会发展的主体。科学技术对农业的支撑根本上取决于农民对科学技术的学习和应用，取决于农民自身的科学文化素质。因此，这就要求我们在加快普及农村义务教育步伐，提高农村义务教育质量的同时，大力发展农村成人教育，尽快用现代的农业科技培养和培训农民，从而提高农民的科技素养。而农民教育的深入开展，也将有力地促进农业科学技术的进步、推广和应用，从而加速由传统农业向现代农业迈进的步伐，增强农民应对农业国际化挑战的能力。

4. 有利于推进城乡的统筹发展

城乡经济发展差距尤其是收入差距进一步扩大。建设社会主义新农村，首先要统筹城乡经济社会发展，要加快建立以工促

---

① 福建省统计局编：《福建省农村统计年鉴》(2007)，福建人民出版社 2007 年版，第 4～6 页。

农、以城带乡的长效机制，缩小城乡居民收入差距，提高农民生活质量。但从福建省情况看，当前福建省对农业的投入还不足，甚至出现一定的下滑。从统计数据看，2003 年福建省财政对农业的投入占全部财政支出的 3.8%，2004 年下降到 3.5%，2005 年进一步下降到 3.3%，呈递减趋势。同时，城乡经济发展差距有所拉大，收入差距扩大，农民生活质量改善速度较城镇慢，居住条件比城镇差，农村经济实力普遍弱于城市。“九五”初期，本省城乡居民收入的差距为 2.24：1，到“九五”末期扩大到 2.30：1，到“十五”末期的 2005 年，城乡收入差距扩大到 2.77：1；到了 2007 年，福建农民纯收入5 467元，城镇居民人均可支配收入15 505元，城乡收入差距继续扩大为 2.84：1①（见图 1—1）。

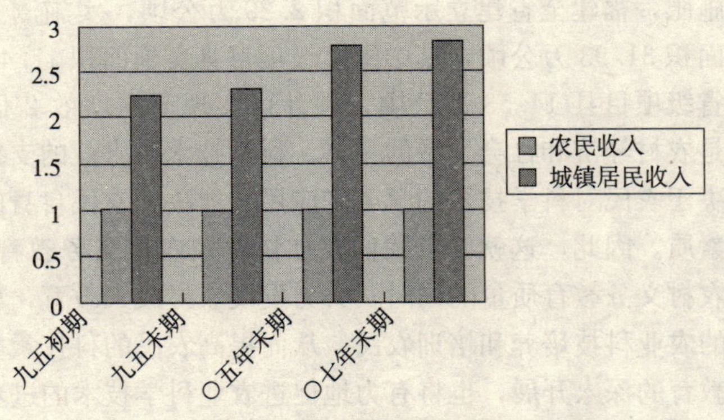

图 1-1　福建省城乡收入差距

注：该图是作者根据福建省历年的统计公报计算而成。

要统筹城乡经济发展，缩小城乡差别，消除二元经济结构，促进农民收入的提高，就必须建立农村教育培训制度，加大中央和省级政府对农村基础教育的投入，优化农村教育结构，以提高

① 福建省统计局、国家统计局福建调查总队：《福建省 2007 年国民经济和社会发展统计公报》，[EB/OL]．（2008—02—27）http：//www. fujian. gov. cn。

农民的生产技能和进城务工手段为重点，建立农村基础教育、职业教育和成人教育“三教统筹”的大教育结构，实现农村教育协调发展，新农村建设才能踏上良性循环的健康发展之路。

5. 有利于推进农村富余劳动力的转移

有资料显示，在我国4.8亿农村劳动力，有1.6亿在当地乡镇企业和其他非农产业。按目前劳动力合理负担耕地水平测算，种植业实际需要约1.5亿，加上2 000万人专门从事林牧渔业生产的劳动力，农业实际需要的劳动力约为1.7亿，尚有富余劳动力1.5亿，而且每年还新增劳动力600多万人。①

福建省人口素质尤其是农村人口素质，与全国相比、与农业科学技术迅猛发展的要求相比，与建设海峡西岸新农村的需求相比，依然偏低。突出表现在：一是人口受教育程度不高，不识字或识字很少的人口偏高，降低的速度依然偏慢。2005年福建6岁及6岁以上人口中，不识字或识字很少的人口高达375万人，占总人口的比重虽然比1990年的21.0%减少了10.4个百分点，但仍高达10.6%。二是就业人口的文化素质偏低，导致用工与就业两难的尴尬局面。劳动年龄人口的文化素质反映了可利用劳动力的潜质，可利用劳动力潜质的高低直接影响着经济的发展与社会的和谐。随着现代科学技术的进步，劳动力素质在经济社会发展中的作用越来越显得比占有劳动力数量来得重要。2005年调查资料显示，福建劳动力受教育程度虽然有所提高，但小学和初中程度仍占七成以上，而大专及以上程度仅占6.3%，远远不能适应经济发展的需要。导致一方面技术工人供不应求，高层次技术工人短缺严重；另一方面无技术特长的农村富余劳动力供大于求，从而导致用工与就业之间结构矛盾日益突出，在一些地方和行业甚至出现了“招工难”和“就业难”并存的尴尬局面。截

① 中华人民共和国国家统计局：《第二次全国农业普查主要数据公报》（第五号），[EB/OL]．(2008-02-28) http://www.stats.gov.cn。

至2005年底，全省还有692.17万人从事农业生产，根据劳动耕地比例方法测算，仍有303.24万人农村富余劳动力。[①]

如此庞大的农村富余劳动力队伍，外出务工就业就成了他们增收最直接、最有效的途径。转移农村富余劳动力已成当务之急。而当前农村劳动力普遍文化素质低，劳动技能差，不能适应城市化进程对人才素质的要求，成为现代都市中的弱势群体。因此，只有大力推进农民教育，有针对性地加强对农民的职业技能培训，增强其就业能力，才能实现农村富余劳动力的顺利转移，将人口压力转化为人力资源优势。

1.3 研究内容及基本理论

1.3.1 研究内容

1. 发达国家和地区农民教育的经验借鉴

以美国、欧盟、日本、韩国等发达国家及台湾地区为典型案例，研究国外及台湾地区农民教育的历史背景、发展道路、发展模式，并通过农民教育与经济发展状况等因素的关联分析，探讨国外及台湾地区农民教育的发展规律，从中学习发达国家和地区农民教育的成功经验，为制定福建农民教育发展战略提供外部参考。

2. 福建农业与农村经济发展对农民教育的需求分析

在分析总结福建省农村经济发展的主要特征的基础上，论证农民增收和农民教育的关系、农村经济发展对农民教育的需求，明确农民教育在农业和农村经济发展中的重要作用。

3. 福建省农民教育的现状研究

从福建省农民教育的政策法规、农民教育的资源和近年来福

---

① 张荣霞、陈家豪：《福建农村富余劳动力转移与研究》，内蒙古农业大学学报2007年第2期。

建省农民教育的实践等方面对福建省农民教育的总体状况进行评价，并对福建省农民教育在法律保障、管理体制、观念意识、经费投入、教育体系等方面存在的具体问题进行分析。

4. 福建省农民教育的实证研究

以福建省“一村一名大学生村官工程”作为福建省农民教育的典型案例，对“一村一名大学生村官工程”的教学时间、教学内容、师资情况、培养效果等进行调查分析，为福建省新农村建设进程中农民教育的开展提供现实的参考。

5. 福建省农民教育的发展战略与对策研究

根据福建省社会主义新农村建设的目标、任务和福建省农村经济社会发展的总体趋势，制定福建省农民教育的未来发展战略。在此基础上，探索适合福建省情的农民教育新体制、新模式、新途径、新方法，以期为推进福建省农民教育的全面协调可持续发展提供理论和现实指导。

1.3.2 基本理论

1. 科学发展观理论

科学发展观是指党的十六届三全会提出的“坚持以人为本，树立全面、协调、可持续的发展观，促进经济社会和人的全面发展”，按照“统筹城乡发展、统筹经济社会发展、统筹人与自然和谐发展、统筹国内发展和对外开放”的要求推进各项事业的改革和发展的一种方法论。

科学发展观的具体内容包括：

（1）发展是科学发展观第一要义。发展，对于全面建设小康社会、加快推进社会主义现代化，具有决定性意义。要牢牢扭住经济建设这个中心，坚持聚精会神搞建设、一心一意谋发展，不断解放和发展社会生产力。实施科教兴国战略、人才强国战略、可持续发展战略，着力把握发展规律、创新发展理念、转变发展方式、破解发展难题，提高发展质量和效益，实现又好又快发展，为发展中国特色社会主义打下坚实基础。努力实现以人为本、全面协调可持续的科学发展，实现各方面事业有机统一、社会成员团结和睦的和谐发展，实现既通过维护世界和平发展自己、又通过自身发展维护世界和平的和平发展。

（2）以人为本是科学发展观的核心。全心全意为人民服务是党的根本宗旨，党的一切奋斗和工作都是为了造福人民。要始终把实现好、维护好、发展好最广大人民的根本利益作为党和国家一切工作的出发点和落脚点，尊重人民主体地位，发挥人民首创精神，保障人民各项权益，走共同富裕道路，促进人的全面发展，做到发展为了人民、发展依靠人民、发展成果由人民共享。

（3）全面协调可持续是科学发展观的基本要求。要按照中国特色社会主义事业总体布局，全面推进经济建设、政治建设、文化建设、社会建设，促进现代化建设各个环节、各个方面相协调，促进生产关系与生产力、上层建筑与经济基础相协调。坚持生产发展、生活富裕、生态良好的文明发展道路，建设资源节约型、环境友好型社会，实现速度和结构质量效益相统一、经济发展与人口资源环境相协调，使人民在良好生态环境中生产生活，实现经济社会永续发展。

（4）统筹兼顾是科学发展观的根本方法。要正确认识和妥善处理中国特色社会主义事业中的重大关系，统筹城乡发展、区域发展、经济社会发展、人与自然和谐发展、国内发展和对外开放，统筹中央和地方关系，统筹个人利益和集体利益、局部利益和整体利益、当前利益和长远利益，充分调动各方面积极性。统筹国内国际两个大局，树立世界眼光，加强战略思维，善于从国际形势发展变化中把握发展机遇、应对风险挑战，营造良好国际环境。既要总揽全局、统筹规划，又要抓住牵动全局的主要工作、事关群众利益的突出问题，着力推进、重点突破。

胡锦涛同志在党的十七大报告中指出，“解决农业、农村、农民问题，事关全面建设小康社会大局，必须始终作为全党工作的重中之重”。“坚持把发展现代农业、繁荣农村经济作为首要任务”。贯彻落实科学发展观，坚持发展是第一要义，首先要把发展农业、农村经济作为第一要务，扎实搞好社会主义新农村建设。农村全面发展之最深刻的内涵，就是人的全面发展，这是社会主义新农村建设的最重要内容，也是以人为本的科学发展观的本质要求。

2. 二元经济理论

二元经济（Dual Economies）是对发展中国家早期发展阶段的一种描述，是指经济从完全依赖于农产品的生产状态向农业部门与现代工业部门并存的二元状态的转变，这一过程的实现是经济发展的一个里程碑。二元经济是在物物交换的自给自足经济中引入货币经济，其发展取决于货币经济的扩展，当经济发展到一定程度，二元结构逐渐转化为一元，正如钱纳里所说的二元经济结构的转化具有显著的增长效应。

美国发展经济学家刘易斯（Lewis，1954）“二元结构发展模式”理论指出：在发展中国家一般存在着性质完全不同的两种经济部门，一种是资本主义部门或现代工业部门，一种是自给农业部门或传统部门。传统部门生产落后，劳动边际生产率为零，但比重很大；现代工业部门生产技术先进，但比重较小，像一座孤岛被传统农业部门的汪洋大海所包围，这就是所谓的“二元经济结构”。这种两部门封闭经济发展模型阐述了这样一种状况，即无限的劳动力供给致使农业劳动力源源不断地进入城市工业部门，直到城市部门吸纳完所有的农业剩余劳动力后二元经济消除（见图 1-2）。此后，刘易斯又发表了一系列论文对其二元经济模型给予补充说明[①]。刘易斯模型的实质是城市部门通过现代大工业的发展，取得资本的积累，促使农村剩余劳动力得到充分的转

① Lewis. “Economics Development with Unlimited Supplies of Labour ”, Manchester School of Economics and Social studies，1954，5。

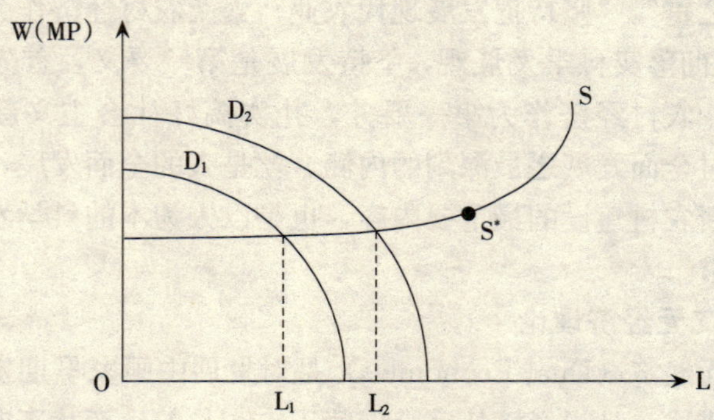

图 1-2　劳动力转移的刘易斯模型

移，以诱发产业结构的演变，最后经济由二元结构变成同质的一元结构。他特别强调了城市化在二元经济转化中的作用，这与早期发达国家走过的发展道路基本吻合。

拉尼斯、费景汉则对该理论进行了修正。他们把经济发展分为三个阶段：第一阶段，劳动力供给弹性无穷大，农业劳动力的边际生产率大于零，但小于工资水平；第二阶段，经济中存在隐蔽性的失业；第三阶段，突破转折点后，已经实现商品化后的经济发展。他们认为，工业化过程中，必须保持农业生产率的同步提高，以此来增加农业剩余和释放农业劳动力。[①] 与刘易斯模型相比，费景汉和拉尼斯认为工业和农业两个部门的平衡增长对避免经济增长趋于停滞是很重要的[②]。由于他们强调了农业对工业发展所提供的剩余，主张对农业给予充分的重视，因而在一定程度上完善了二元经济发展理论，完成了古典主义对于二元经济的理论构建。

---

① John C. H. Fei and Rains. G, "A Theory of Economic Develoment", American Economics Review, September, 1961。

② 费景汉，古斯塔夫·拉尼斯：《劳动力剩余经济的发展》，华夏出版社 1989 年版。

农业剩余劳动力向非农部门转移促使二元经济结构消减，是刘易斯二元经济理论为发展中国家二元经济结构转化提供的基本路径。农业劳动力转移能否顺利推进，不仅与城市化、工业化发展所提供的就业吸纳能力有关，更取决于农业劳动力自身的素质[①]

伊兰伯格（ Ronald G. Ehrenberg）和史密斯（Robert S. Smith）在《现代劳动经济学》一书中指出，人力资本模型可以被用来理解和预测自发的劳动力流动。要推动农村劳动力的转移，根本的是要使农村劳动力对转移后的预期收益有明确的乐观的预期，为转移进行必要的人力资本投资。其中，最为根本的是提升劳动力的素质，使其具备转移的能力，认识到转移可能带来的收益并能够将这种预期收益变为现实的收益[②]。可以用投资成本———收益模型来表示教育投资决策的均衡（ 图1－3），横轴 OE 表示受教育的年限和教育的收益，纵轴 OC 表示居民受教育家庭的成本付出，农村居民的教育投资决策取决于四个主要要素：投资未来收益的预期或受教育后所获得经济机会的预期；马上就业的收入即机会成本；居民所承担的教育的实际成本即学杂费，以及与收入相对应的承担能力；国家对教育的投入与法律或政策上的强制性规定。前两个要素往往与二元经济的动态过程有关，二元经济结构转化的程度和特征决定了经济发展水平，以及给受教育者提供的经济机会的大小，同时也决定了受教育的机会成本的大小，收入增大，机会成本变小，需求曲线向右移；后两个要素则与静态的二元经济结构及其制度特征有关，国家对农村教育的投入增多，使供给曲线右移，个人承担的比例降低，个人的收入增加使承担能力增强，使需求曲线右移，国家法律的强制性规定则限定了最低的受教育年限。

① JORGENSON DALEW. “The Development of a Dual Economy”, Economic Journal，1961，71（282）：309～334。

② RAMANATHANR. “Jorgenson’s Model of a Dual Economy an Extension”, Economic Journal，1967，77（306）：321～327。

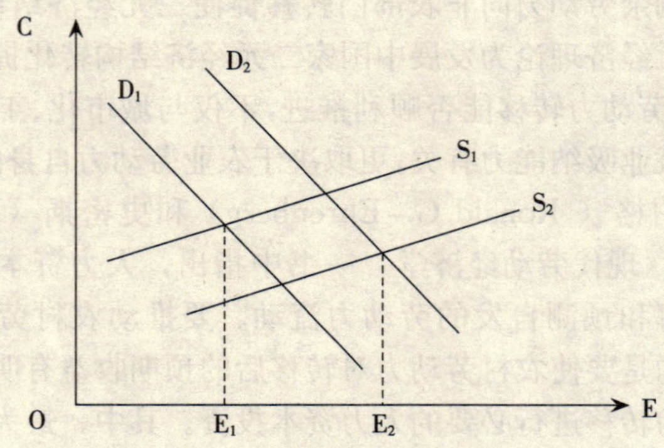

图 1-3 教育决策的均衡分析

二元经济理论是发展经济学的奠基性理论之一，许多发展经济学家在对发展中国家经济现实进行深入考察的基础上，指出发展中国家的基本特征是经济体系中存在显著的二元经济结构，二元经济结构转化随之成为发展中国家经济发展的主要目标，因此“把发展中国家的增长进程理解为经济结构全面转变的一个组成部分最恰如其分”。① 由于我国工业化初期的制度安排是在国家行政力量支配下，经济发展的战略选择是优先发展重工业，造成农村搞农业、城市搞工业的二元经济结构模式。

我国作为世界上最大的发展中国家，其经济体系中也具有明显的二元经济特征，特别是随着市场化、现代化进程的不断加快，许多影响到经济发展的问题在实质上都可以归因于二元经济结构，经济现实迫切地需要在经济理论的指导下推进我国二元经济结构的转化。从静态的角度看就是打破二元的制度结构，改革和完善农村教育体制，调整城市和农村之间的教育投入比例，适当向农村倾斜，缩小高等教育政府投资规模，加大农村教育经费

① Syrquin，M. and Chenery，H. B.（1989），“Three decades of industrialization”，The World Bank Economic Review，Vol. 3。

的投入，降低农村居民教育负担。从动态的角度看就是加快结构转换与提高教育投入的效率。加快各地区特别是西部地区的经济结构的转换，从农业向非农产业的转换使受教育的机会增加，劳动者自身对教育的需求增加，同时劳动者的收入的增加也增强了教育成本的承受能力，教育的需求曲线向外移动，农村居民的受教育程度在教育资源保证的情况下将会提高。

3. 人力资本理论

人力资本理论兴起于20世纪60年代。现代人力资本理论的创始人被认为是美国经济学家舒尔茨和贝克尔。

舒尔茨指出，人力资源既包含有人口数量、就业人口比例及实际劳动量等基本的数量特征，又包含技术、知识及影响人的生产能力的属性之类的质量成分，并由此提出了人力资本概念。人力资本（Human Capital）主要指凝结在劳动者本身的知识、技能及其所表现出来的劳动能力，这是现代经济增长的主要因素，是一种有效率的经济。他认为人力是社会进步的决定性因素，但人力的取得不是无代价的，需要耗费稀缺资源。人力，包括知识和技能的形成，是投资的结果，掌握了知识和技能的人力资源是一切生产资源中最重要的资源。舒尔茨在提出人力资本投资理论后，采用收益率法测算了人力资本投资中最重要的教育投资对美国1929—1957年间的经济增长的贡献，其比例高达33%。[①] 1960年，舒尔茨在美国经济学年会上所作的题为“人力资本投资”的演讲，被认为是现代人力资本理论正式形成的标志。他认为，人力资本与物质资本是资本的两种形式。人力能够带来经济增长，但也要有相应的资本投资。对人力进行投资，就形成了人的知识和技能，正是这种人的知识和技能，才产生了促进经济增长的重要力量，从而形成了人力资本。而未经投资的人力资源，

① 西奥多·W·舒尔茨：《人力资本投资——教育和研究的作用》，商务印书馆1990年版。

不能形成人力资本①。1958年，出生在波兰的美国经济学家明塞尔发表了题为《人力资本投资和个人收入分配》的论文，其后在1962年发表了题为《在职培训、成本、收益及意义》，1974年又发表了《教育、经历和收入》等文章和著作。他认为教育是人力资本的形式之一，人力资本作为一种资本，它会在将来带来收入，是今后收益的源泉。因此，教育就是人力资本的投资。他在人力资本形式、教育、培训和其他人力资本投资过程的研究方面取得的成果，具有开拓意义。

美国著名经济学家加里·S·贝克尔的有关人力资本的主要著作《生育率的经济分析》、《人力资本》、《家庭论》等，都翔实地论证了人力资本投资比物质资本投资可带来更大的经济效应。美国经济学丹尼森1962年发表的《美国经济增长的因素和我们的选择》，用美国、日本等国长期经济增长的实证数据，证明了舒尔茨关于人力资本投资是经济增长的关键要素的结论。他认为，如果将知识进步考虑进去，则贡献率高达35%，同时，他通过对日本1961—1971年经济增长的分析，发现教育进步使日本人均国民生产总值年均提高0.35%。②

人力资本理论的提出，也标志着人力资源开发管理阶段转变为人力资本开发管理阶段，即从人力资源外在要素的数量开发，转移到了注意人力资源的内在要素的质量开发管理，把开发的重点由量的配置转变为质的提高。继20世纪50年代后期舒尔茨等人的开拓性研究之后，经济理论界对人力资源和人力资本理论进行了深入的研究，改变了以前忽视人力资本的思想，将其人力资源置于生产诸要素的首要位置。对于人力资本问题的研究，使西

① 西奥多·W·舒尔茨著，吴珠华等译：《论人力资本投资》（中文1版），北京经济学院出版社1990年版。

② Working Group on Population Growth and Economic Development etc. Population Growth and Economic Development：Policy Questions. National Academy Press，Washington，D.C.，1986.

方许多学者真正意识到了教育在社会与经济发展中的重要地位。他们从发达国家的经济增长过程中物质投入与教育的关系，教育对经济增长的作用，以及教育水平提高对社会和个人收益的关系的研究中发现，教育的投入不是简单的成本花费，而是可以带来利润的资本投入。

西方发达国家农业发展的经验和教训，要求我们在现代化的进程中不要忽视了农业、农村和农民，尤其是对农民的教育培训工作应该先行于经济发展。这样，“三农”问题才不会拖我们建设小康社会的后腿，社会主义新农村才能顺利建设完成，我们中华民族才能真正实现民族的复兴。

1.4 研究方法和技术思路

1.4.1 研究方法

本研究立足于理论分析和实证分析相结合,以理论分析为基础,实证分析为重点,在实证分析中注重统计分析方法的应用。在研究中借助人力资源、农业经济学等学科理论,结合国外成熟的农民教育经验,从深层次探讨福建省农民教育问题,并为福建省的农民教育提供可操作的政策性建议。为了使本研究的结论更具有科学性、前瞻性和说服力,本课题的研究主要采用以下几种研究方法。

(1) 调查研究法。通过对福建省闽南、闽西、闽东及闽北等市的部分农村开展调查、座谈、发放农民教育调查问卷和抽样调查的方法，掌握第一手材料，并对其进行归纳分析，以求发现福建省农民教育过程中的新情况和新问题，通过比对、分析，利用理论优势，结合实践经验寻求更好的解决办法。

(2) 比较分析法。选择农民教育的典型，参照农民教育的理论，参照其他国家和地区的先进经验，横向比较、纵向分析，对福建省和发达国家和地区的农民教育现状比较，达到农民教育逐步向法制化迈进。

(3) 文献研究法。在研究的过程中，查阅了大量的文献资料，包括了近5年来教育学、经济学、管理学以及与农民教育相关学科领域的权威学术期刊及有关的权威网站。参照文献中的观点和数据，在理论上按照农民教育的理论及人力资源开发的先进理念，解决福建省农民教育中存在的实际问题。

1.4.2 研究的技术路线

本研究按照提出问题、分析问题和解决问题的思路，根据图1-4所示的研究背景、基础研究、农民教育与农村经济社会关联性分析、福建农民教育的问题与对策、福建省农民教育实证研究、福建省农民教育的未来发展战略的技术路线开展研究。

第一阶段，农民教育的背景研究。对新农村建设中的农民教育相关理论进行梳理，在理论基础上分析论证新形势下福建省农民教育的意义。

第二阶段，开展基础研究。对国内外关于农民教育的相关研究文献进行综述，归纳前期研究成果，对国内外农民教育进行比较分析。通过对国内外农民教育研究成果和实践经验的探讨，总结发达国家和地区的先进经验。

第三阶段，对福建省农村经济发展的主要特征、福建省农民收入的调查分析、福建省农民教育与福建省农村经济发展、农民收入的增加之间的关系进行研究。在此研究的基础上，概括总结福建省农民教育的需求特点。

第四阶段，对福建农民教育的现状进行深入的探讨和剖析，提出福建省农民教育在政策、法律、管理体制、教育体制、模式、资金投入等方面存在的问题。

第五阶段，以“一村一名大学生村官工程”为典型案例，开展福建省农民教育实证研究，探索福建省农民教育的发展模式。

第六阶段，根据福建省社会主义新农村建设的目标、任务和福建省农村经济社会发展的总体趋势，提出福建省农民教育的未

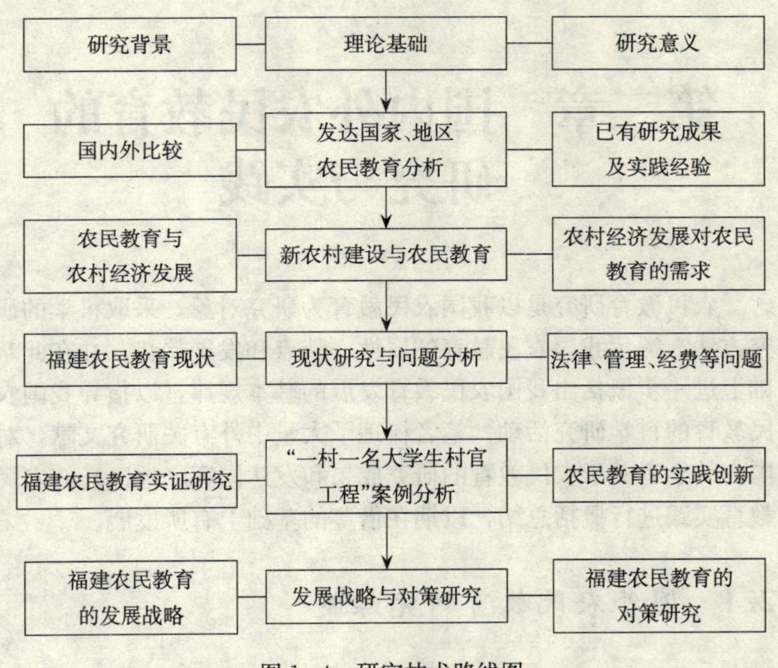

图 1-4 研究技术路线图

来发展战略。在此基础上，提出具体的对策措施。

1.5 本章小结

建设社会主义新农村是党中央根据当前我国经济社会发展形势做出的一个重大战略决策。农民是新农村建设的主体力量，如果不提高广大农民的整体素质，不培养一大批新型农民，建设新农村的任务就不能完成。如果不对农民进行教育使之成为知识型农民，新农村建设就变成了"空中楼阁"。因此，本章提出把农民教育作为本书的研究对象，在科学发展观、人力资本理论及二元经济理论的基础上，论述了新时期进行农民教育的意义，勾画了研究路线，确定了研究内容及研究方法。

第二章 国内外农民教育的研究与实践

农民教育研究是以我国农民教育为研究对象，采取科学的研究方法，揭示我国农民教育的属性、特点和发展趋势，并在此基础上进一步概括出我国农民教育发展的基本规律，以指导我国农民教育的科学研究活动。笔者梳理了大量中外有关研究文献，对国内外学者关于农民教育的研究成果和发达国家（地区）的农民教育实践进行概括总结，以期在借鉴的基础上有所发展。

2.1 国外农民教育研究综述

世界上许多国家农民教育发展水平都很高，尤其是欧美等发达国家，并且对这些国家整个社会经济的发展产生过深刻的影响，因此对这些国家的农民教育进行研究的学者众多，成果比较突出。西方学术界对农民教育问题的研究，大都与科学技术、农业经济、教育、社会发展等相关学科的研究交错在一起，并无专门的、独立的农民教育研究。就笔者所掌握的资料来看，西方的农民教育研究大体可以分为以下几个方面。

2.1.1 马克思、恩格斯和列宁关于农民教育的研究

马克思在《路易·波拿巴的雾月十八日》一文中指出："小农人数众多，他们的生活条件相同，但是彼此间并没有发生多种多样的关系。他们的生产方式不是使他们互相交往，而是使他们相互隔离。……他们进行生产的地盘，即小块土地，不容许在耕

作时进行任何分工，应用任何科学，因而也就没有任何多种多样的发展，没有任何不同的才能，没有任何丰富的社会关系。每一个农户差不多都是自给自足的，都是直接生产自己的大部分消费品，因而他们取得生活资料多半是靠与自然交往，而不是靠与社会交往。一小块土地，一个农民和一个家庭；旁边是另一小块土地，另一个农民和另一个家庭。一批这样的单位就形成一个村子；一批这样的村子就形成一个省。这样，法国国民的广大群众，便是由一些同名数简单相加形成的，好像一袋马铃薯是由袋中的一个个马铃薯所集成的那样。”

可以看出，马克思所描述的小农经济具有以下特征：小农是小块土地的所有者或经营者，是以个体家庭为单位进行生产和消费的；小农生产孤立、分散，使用的是落后的生产工具和传统技术；小农受剥削严重，生活困苦。由于小农经济的落后性及其不可挽回的历史命运，因此必须对小农经济进行改造。恩格斯认为："社会成员中受过教育的人会比愚昧无知的没有文化的人给社会带来更多好处。"因此，要对农民"实行普遍的、免费的国民教育"和实行农业合作社。至于农业合作社的形式，他们则主张从实际出发，灵活多样。

在社会主义建设过程中，列宁越来越发觉阻碍俄国进步的因素，不仅仅在于农民经济上的落后，而且更在于农民文化上的落后。列宁认为，人民群众这样被剥夺了受教育、获得光明、求取知识的权利的野蛮的国家，在欧洲除了俄国以外，再没有第二个。为此，列宁在俄国共青团第三次全国代表大会上的演说中曾讲到："在一个文盲的国家内是不可能建成共产主义社会的"。他清醒地认识到了农民教育和民族教育的重要性和必要性，并将其付诸于具体实践。列宁提出了解决农民文化落后问题的几点措施：①发挥人民教师对农民的教育功能；②加强城乡之间的文化交流与合作；③关于农村的文化建设。列宁说："经常下农村的做法在这方面一定会起特别重要的作用，这种工作我们已经在进行，还必须有计划地加以发展。”1919 年 12 月，人民委员会公布了列宁创立并签署的《关于扫除俄罗斯联邦居民中文盲的法令》，并随后成立了“全俄扫除文盲全国非常委员会”，开展了轰轰烈烈的扫盲运动。

2.1.2 国外经济学家关于农民教育的研究

英国古典政治经济学创始人威廉·配第在其经济理论中就有对人力资本思想的阐述，他首次严肃地运用了人力资本概念。法国古典政治经济学大师阿吉贝尔、重农学派的主要代表人物魁奈等，承认人或人的劳动在社会财富创造中的决定性作用。亚当·斯密在 1766 年出版的《国富论》主张工农协调发展。亚当·斯密把资本划分为固定资本和流动资本，提出人的能力属于资本的范畴，提出了初步的人力资本概念，并提出具体的政策建议。萨伊于 1803 年提出“教育是资本，它应当产生和劳动的一般报酬没有关系的利息”。他以“效用论”为基础，提出“不论是谁，只要他凭每年所做的牺牲而获得一种特殊的才能，他就享受着一种积累的资本，一种财富。”李斯特采用了“物质资本”和“精神资本”这两个相对应的概念。阿尔弗雷德·马歇尔在《经济学原理》一书中也得出了相似的结论，认为教育投资可以带来巨额利润，“用于人的教育的投资，是最有效的投资”。[①]

美国的沃尔什在 1935 年发表的《人力资本观》一文中首次准确定义“人力资本”概念，提出“人力资本”就是指凝聚在劳动者身上的知识、技能及其所表现出来的能力。其后，舒尔茨在《人力资本投资》、《教育与经济增长》、《对人投资的思考》等系列论文中对“人力资本”理论进行了深化和系统化。他在《改造传统农业》一书认为：要将传统农业改造为现代农业，必须在农

① 阿尔弗雷德·马歇尔：《经济学原理》上卷（1890 年），商务印书馆 1964 年版，第 157 页。

业中引入新的生产要素并对所有生产要素进行协调改善。从长远看，教育作为一种向人力资本的投资，是一种最有效的方法，是全面提高农民素质的关键。传统农业中，物资资本与人力资本存在巨大不平衡，人力资本相对匮乏，因此对农民的技能和知识的教育最为迫切也最为有效。因此，政府对农民引进和学习新技术提供一定刺激和奖励就显得十分必要。① 经济学家米凯·吉瑟强调提高农村教育水平，转移农村剩余劳动力，转变经济增长方式。刘易斯在《经济增长理论》一书中提出，提高农业生产的增长率不仅需要受过高等教育的人从事农业技术研究，更重要的是要搞好农业技术推广。农业技术推广主要是向农民传授已试验过的技术，推广者要了解农村实际情况，最大限度与农民接触，诱导农民主动接受技术推广。② 贝克尔着眼于人力资本理论微观领域的研究，并运用具体数字计算和实证研究，说明了不同教育等级之间的收益率差别。除舒尔茨和贝克尔之外，推动人力资本理论发展的另一重要人物是丹尼森，其贡献主要集中于人力资本数量研究和实证研究。他把教育因素视为人力资本因素的一个组成部分，创造并完善了“经济增长多因素分析法”。20 世纪 80 年代以后，卢卡斯和罗默尔等运用“新经济增长理论”构建了以人力资本为核心的经济增长模型，他们的努力使人力资本理论获得进一步完善，也使农民教育的理论基础更为坚实。

英国经济学家舒马赫（Schumacher）认为，发展中国家的症结在于农村问题和使农村生活活跃起来的问题，解决这一问题的关键在于加强对全体人民的教育、组织和训练；教育是第三世界农村发展最重要的资源，那里农村发展问题的解决必须依赖于人民受教育水平的提高，只有农民的文化水平提高了，他们的谋

① 西奥多·舒尔茨：《改造传统农业》，商务印书馆 1991 年版。

② W. 阿瑟·刘易斯、梁小民译：《经济增长理论》，上海人民出版社 1994 年版，第 234 页。

生能力才会提高，他们的精神状态才会振作，第三世界的农村生活才会活跃起来；只有能培养“完整的人”的教育，才能真正促进第三世界国家农村的发展。[①]

弗斯特和罗塞兹韦奇在芝加哥大学出版的《政治经济学》杂志上发展了名为《向实践和他人学习农业中的人力资本和技术变迁》的论文，他们用计量经济模型和统计资料证明了农民自己及邻居的经验不仅影响新技术的采用，还影响采用新技术后的收益状况。因此，经济上应由政府对率先采用新技术的农户给予一定补贴。当然，除了上述的经济学家外，还有很多的西方学者在农民教育的相关领域做出很大的贡献。如著名经济学家萨缪尔、英国学者埃比尼泽·霍华、费景汉、拉尼斯、乔根森及日本经济学家速水佑次郎等。

2.1.3 国外教育学家关于农民教育的研究

在人类历史上，自从城市与乡村分离，文化知识的教育便成为贫苦农民的禁果。西方教育史上的教育家，将目光投向农村和农民者，则寥寥无几。裴斯泰洛齐首开风气之先，他提出将教育、农业科学、产业结合起来，使之一体化，以实现农村的经济繁荣和文化的提高。

列夫·尼古拉耶维奇·托尔斯泰（1828—1910年）不仅是俄国伟大的文学家，也是一位教育家。他对农民怀有深切的同情和热爱，热心致力于农民教育事业。他曾说：“我之所以要想为人民实行教育，只是为了要救援在那里要淹死的许多普希金、奥斯特格拉得斯基、罗蒙诺索夫。然而在每一个学校里，这些人都是成群而众多的。”

前苏联教育学家苏霍姆林斯基（CYXOMINHCKII，1918）认为农民教育在农村社会发展中负有“特殊使命”，是农村的最

① 舒马赫：《小的是美好的》，商务印书馆1984年版。

重要的、主要的，有时候由于已经形成的条件还是唯一的文化策源地，它对农村的整个智力生活、文化生活和精神生活有着很大的影响。他认为农村教育工作的重要目标是培养学生从事农业劳动的志愿，在这一过程中，揭示农业劳动的智育性因素，引起学生对现有劳动方式、手段和过程的思索，并激发他们改造现实的激情和兴趣，才是至关重要的。他认为应把知识的发展和加深过程纳入农村社会生活之中，只有提高了农村的文化生活水平，促进了农村社会经济的发展，才能对学生产生吸引和激励效应，激发他们对知识的追求和对农业劳动及农业劳动者的热爱之情。

A. C. True 和 S. K. J. Crosby 深入探讨了 20 世纪初期美国的高等、中等农业教育和农业推广体制。日本国立研究所、文部省和三好信浩等对日本明治维新至 20 世纪 70－80 年代正规中等农业教育、农民补习教育和农业研修教育进行了比较全面详细的论述。

法国人郎格朗在 1965 年巴黎召开的联合国教科文成人教育会议上最初阐述了终身教育的必要性，明确提出了终身教育思想："我们所说的终身教育是一系列具体的思想、实验和成就。换言之，是完全意义上的教育，它包括了教育的所有各个方面，各项内容，从一个人出生的那一刻起一直到生命终结时为止的不间断的发展，包括了教育各发展阶段各个关头之间的有机联系"。[①] 他的终身教育极大地促进了世界农民教育的发展。

福斯特作为 1974 年世界教育年鉴《教育与农村发展》（Education and Rural Development）的主编之一，他对农村职业教育提出了许多独到的见解。他认为农业教育的对象是农民而不是学生。农村职业教育的主要任务是向农民推广农业生产的新知识、新技术以及市场信息。农村职业教育必须注意农民求知的积

---

① 保尔·郎格朗：《终身教育引论》，中国对外翻译出版公司 1985 年版，第 15～16 页。

极性。

总的来看，国外学者对农民、农村、农业的研究有三个特点：①研究领域广泛，可以说是一种多元化、全方位的研究。从经济学、社会学、人类学、历史学和政治学等不同学科出发，运用各自的理论对农民问题展开了多学科多角度的研究，他们的研究涉及社会政治经济文化各个方面。②研究人员日益增多，研究受到一些国家和国际组织的高度重视与大力支持，乡村问题的研究也不断深入，研究队伍不断壮大。③研究方法以定量分析和实证研究为主，尤其是采用经济学和人类学的研究方法进行研究。

2.2 中国学者关于农民教育的研究

中国农民教育研究，从研究对象的区域上来划分有两种类别：一是中国内地的农民教育研究；二是中国台湾地区的农民教育研究。

由于历史遗留问题，长期以来大陆学者接触和了解台湾的渠道有限，所以造成了大陆学者在台湾农业问题的研究上体现出来成果较少，研究深度不够，研究对象较为狭窄。台湾的农民教育研究更是如此。有关农民教育的论文，主要有《1994 年台湾的农业推广教育》、《台湾教育兴农的特点和经验》、《台湾的农业推广教育》、《台湾省的农业教育和农民培训》等近 20 篇文章。[①]这些文章主要的研究对象是台湾的农业推广教育，不能全面地反

① 周希贤：《台湾农业推广的演变》，《中国农史》，1987 年第 2 期；杨士谋：《台湾省的农业教育和农民培训》，《世界农业》，1988 年第 7 期；程振琇：《台湾农村人才培养与普及教育成效剖析》、《台湾农业推广及其体制特点》，《台湾农业探索》，1992 年第 3 期，第 1 期；廖益：《台湾教育兴农的特点和经验》，《高等农业教育》，1993 年第 6 期；胡金波：《1994 年台湾的农业推广教育》，《中国农业教育》，1995 年第 4 期；李晓明：《台湾的农业推广教育》，《世界农业》，1996 年第 3 期，等等。

映出台湾地区农民教育的全貌，这也是一种不足，更是一种遗憾。随着两岸的直航和开放大陆游客赴台旅游，大陆学者对台湾农民教育的研究会越来越深入，成果会越来越多。

在大陆，早在20世纪20—30年代，毛泽东、费孝通、林耀华、晏阳初、黄炎培、梁漱溟等就开始对农民教育的地位、作用、内容、形式、原则、方法等一系列问题，进行研究并取得显著成果。新中国成立之初，农民教育的形式和内容都比较单一，我国的农民教育研究工作进展缓慢。有关20世纪80年代前的农民教育研究，已有多位学者对此进行论述，笔者就不赘述。①

2.2.1　我国改革开放以来农民教育研究的发展历程

改革开放后，伴随着农村改革建设的蓬勃发展，作为农村改革建设的主体——农民以及农民的教育培训，吸引了大量的研究者对其理论和实践的探索，农民教育研究才受到学术界的重视，取得了长足的发展。依据中国社会的发展、政府的相关政策及农民教育研究自身的规律等因素，笔者将改革开放以来农民教育研究分为四个时期：

1. 孕育发展期（1979—1993年）

1978年党的十一届三中全会以后，农村实行了家庭联产承包责任制，极大地调动了广大农民的学科学、用科学的积极性。农民对技术的渴望和需求，使我国农村进入了有史以来对科学技术要求最迫切、最普遍的时期，形成了对农民教育的巨大推动

① 周晓虹教授对中国农村和农民问题研究的线索作了梳理，他将20世纪中国农村和农民研究划分为1919—1949年以及1979—1998年两个时期，认为1949—1979年为空白期。参见周晓虹《中国农村和农民研究的历史与现状》，载贾德裕等主编《现代化进程中的中国农民》，南京大学出版社1998年版，第1页。徐勇、徐增阳的论文《中国农村和农民问题研究的百年回顾》（http://economy.guoxue.com）及周作翰、张英洪的论文《改革以前中国乡村和农民问题研究回顾》（《湖南文理学院学报》（社会科学版），2007年第3期，第14～19页）都有述及。

力。1979年，农业部、教育部、共青团中央、中国科协在天津召开了全国农民教育工作会议，提出今后一段时间内，要“继续扫除文盲；大力开展业余初等教育；积极举办业余初中，广泛地开展农业科学技术教育”，这是新时期农民教育开始的标志。而后，国家召开了多次有关农民教育的会议，出台了一系列加强农民教育的文件和政策，采取了诸多促进农民教育工作开展的措施。

1990年，农业部决定在全国范围内有领导、有计划地开展农民技术资格证书（即绿色证书）制度试点工作，标志着我国农民教育开始向规范化、制度化迈进，进入了一个崭新的阶段。1991年党的十三届八中全会通过了《中共中央关于进一步加强农业和农村工作的决定》，提出振兴农村经济，改革和发展农村教育，提高农民科技文化素质。1991—1992年，国务院和农业部相继发布了《国务院关于大力开展职业技术教育的决定》、《国务院关于积极实行农科教结合推动农村经济发展的通知》、《农民技术人员职称评定与晋升暂行规定》和《全国农民技术教育“八五”规划》等文件。这一系列政策逐步树立和完善农民技术人员职称制度和农民技术资格证书（绿色证书）制度，把农民教育同发展农村经济结合起来。1993年《中国教育改革和发展纲要》及有关我国成人教育的政策也相继实施。这些法规、政策，从根本上保障和推动了我国农民教育体系的基本形成。农民教育已从扫盲教育和推广培训，发展到思想、文化、科学和技术的教育；从农业部门一家搞培训，发展到农科教多部门配合，多渠道提高农民科学文化素质；从传统的教育方式方法，发展到现场培训与运用广播、电视、录音、录像等现代化教育手段相结合，多种形式教育培训农民。这些政策和措施也促进了广大学者对农民教育的探索和研究：积极展开了农民教育的对象、任务、方法、学科体系，以及某些概念、范畴、规律、观点等自身建设问题的探讨，并对农民教育在国外的发展状况进行了引进和介绍。

该阶段出版的农民教育方面的著作主要有：袁克昌的《农村教育》、北京市农民教育研究会的《农民教育学》、唐士福的《农村教育学》、彭干梓的《农村职业教育》、周永亮的《当代农民教育与管理》等。①

作者利用近年来出版的中国人民大学书报资料中心的《报刊资料索引 1978—2007》、清华大学《中国期刊网 1979—2007》、上海图书馆编《全国报刊总目索引》（光盘及纸本）、中国优秀硕士论文全文数据库、中国博士学位论文全文数据库、中国重要会议全文数据库、中国重要报纸全文数据库，辅以国际联机检索和对相关书目、索引等工具书的手工检索，对 15 年来的农民教育研究文献进行了一次全面的统计，以“农民教育”为主题词文章数目如图 2-1。

1979 年农民教育研究文献仅有 1 篇，这虽不能完全真实地

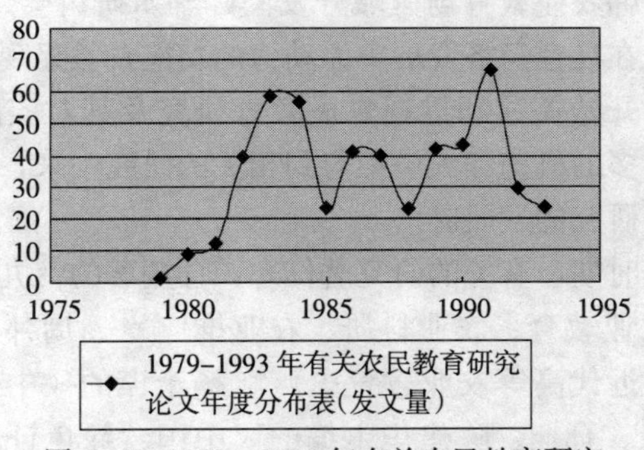

图 2-1　1979—1993 年有关农民教育研究论文年度分布

① 北京农民教育研究会：《农民教育学》，内部交流，1988 年版。
袁克昌：《农村教育》，南京大学出版社 1992 年版。
彭干梓：《农村职业教育》，农业出版社 1993 年版。
周永亮：《当代农民教育与管理》，中国统计出版社 1993 年版。
张传燧：《中国农村教育学》，西南师范大学出版社 1994 年版。

反映当时农民教育研究的数量规模，但它却从文献分类的角度说明：经历十年动乱，至改革开放之初，农民教育的研究还是相当薄弱的。自 1979 以后，实事求是的学风得到进一步的落实，农民教育研究的论文数以较快的速度增长，平均发表论文量为 34 篇/年，为新时期农民教育研究的发展奠定了坚实的理论基础。

2. 研究活跃期（1994—1997 年）

1994 年国务院转发农业部 1993 年 11 月《关于实施绿色证书工程的意见》，明确了目标、任务和实施步骤，要求各省、直辖市、自治区加强领导，结合实际情况，认真贯彻执行。1995 年国家颁布了《中华人民共和国教育法》等。为学习国外农民教育的先进经验，1996 年，农业部教育司、韩国大学教授新村运动研究会、亚细亚发展学会和辽宁省农牧厅、沈阳农业大学共同举办了“中韩农业教育与区域开发国际学术研讨会”。总之，随着农民教育在社会经济发展中原动力的功能日益显现，各级政府及有关部门开始关注和重视农民教育研究及其对实践的指导作用，越来越多的机构和人员参与到相关的研究中来，极大地促进了农民教育研究的发展。

在这一时期，有关的研究著作有：孙翔著的《九十年代日本的农业与农业教育、农业科研、农业推广》[①]、周邦任、费旭主编的《中国近代高等农业教育史》[②]、杨士谋的《中国农业教育发展史略》[③]、孙翔、陈建华主编的《中国“绿色证书”制度研究与实践》[④]、祁崇岳的《当代农民教育新探》[⑤]、傅春生、周清玉主

① 孙翔：《九十年代日本的农业与农业教育、农业科研、农业推广》，农业出版社 1994 年版。

② 周邦任、费旭：《中国近代高等农业教育史》，中国农业出版社 1994 年版。

③ 杨士谋：《中国农业教育发展史略》，北京农业大学出版社 1994 年版。

④ 孙翔、陈建华：《中国“绿色证书”制度研究与实践》，人民出版社 1995 年版。

⑤ 祁崇岳：《当代农民教育新探》，江苏人民出版社 1995 年版。

编的《农民教育学》、[①] 洪绂曾的《中国农业教育发展战略研究》、[②] 李水山、许泳峰、王广忠等主编的《韩国农业与新村运动》和《中韩农业教育与区域开发学术会议论文选集》、[③] 汪彦伟的《农村成人教育概论》、路明主编的《中国农业教育 50 年历史回顾与展望》、黄明哲的《农民教育学概论》等。[④] 有关的论文数目为（检索以中国期刊网的 6 个数据库为主要依据）：1994 年 92 篇，1995 年 57 篇，1996 年 102，1997 年 70 篇。正在攻读硕士、博士学位的研究生也把农民教育相关的问题作为毕业论文的研究内容，这是这一时期农民教育研究新的亮点。短短 4 年的时间里，出版的著作较多，发表论文量急剧增加，以及全国的或地方的相关课题得以立项，我国农民教育研究进入了活跃期。

3. 短暂低谷期（1998—2003 年）

在 1998 年国家机构改革中，原教育部成人教育司与职业教育司合并为职业教育与成人教育司，而原来成人教育司的大部分职能被分解到发展规划、基础教育、高等教育、高校学生这四个司。教育部的调整，引发了从上至下的成教机构撤并。这种管理方式和管理力度转换的负效应在这一时期显现。加上 2001 年《农村成人教育》和《北京成人教育》等相关农民教育期刊的停办，农民教育研究陷入了短暂的低谷期。这一时期，出版的著作有廖其发的《当代中国扫盲和农村成人教育的回眸与前瞻》、李水山、黄长春主编的《绿色证书在中国——焦点问题研究报告》、朱启臻的《中国农民职业技术教育研究》、李水山的《中国农村

---

① 傅春生、周清玉：《农民教育学》，河南人民出版社 1996 年版。

② 洪绂曾：《中国农业教育发展战略研究》，中国农业出版社 1996 年版。

③ 李水山、许泳峰、王广忠：《韩国农业与新村运动》，中国农业出版社 1995 年版。
李水山、许泳峰、王广忠：《中韩农业教育与区域开发学术会议论文选集》，中国农业出版社 1996 年版。

④ 汪彦伟：《农村成人教育概论》，高等教育出版社 1997 年版。

教育焦点问题与发展对策》、庞守兴的《农村教育发展史研究》和《困惑与超越——新中国农村教育忧思录》[1]，等等。该时期发表的论文为：1998 年 79 篇，1999 年 65 篇，2000 年 75 篇，2001 年 58 篇，2002 年 69 篇，2003 年 81 篇。与农民教育相关的硕士论文 7 篇，博士论文 42 篇，重要会议论文 8 篇，重要报纸文章 58 篇。相比之下，该时期出版的专著和期刊论文都比前期有明显的下降，农民教育研究遇到了现实难题，陷入发展的低谷。

4. 发展机遇期（2004 年至今）

进入 21 世纪，我国的农业面临着前所未有的挑战：①中国加入 WTO，世界经济一体化的步伐加快，随之而来的是发达国家的农产品对于中国农产品市场的冲击；②随着知识经济与世界新农业科技革命的来临，世界农业向全球商品化、生产集约化、经营产业化和可持续发展等方向转变；③农民文化素质偏低，在农村青壮年文盲、半文盲占 13.3%，小学程度占 38.8%，初中程度占 40.2%，高中文化程度占 7.6%；④农村富余劳动力转移缓慢，农民收入增长乏力，1996 年以来，农民纯收入的增长幅度逐年下降，城乡居民收入的差距拉大。这些挑战如果不能及时应对，就无法实现全面建设“统筹城乡经济社会发展，建设现代

---

① 路明：《中国农业教育 50 年历史回顾与展望》，中国农业出版社 1999 年版。
黄明哲：《农民教育学概论》，江西人民出版社 2000 年版。
廖其发：《当代中国扫盲和农村教育的回眸与前瞻》，西南师范大学出版社 2002 年版。
李水山、黄长春：《绿色证书在中国——焦点问题研究报告》，中国农业出版社 2001 年版。
李水山：《中国农村教育焦点问题与发展对策》，中国农业科技出版社 2003 年版。
朱启臻：《中国农民职业技术教育研究》，中国农业出版社 2003 年版。
庞守兴：《当代中国农村教育发展史研究》，远方出版社，2003 年版。
庞守兴：《困惑与超越——新中国农村教育忧思录》，广西师范大学出版社，2003 年版。

农业，发展农村经济，增加农民收入”的小康社会的重大任务，也无法构建“生产发展、生活富裕、乡村文明、村容整洁、管理民主”的社会主义新农村。而解决农业、农村和农民问题的关键是加强农民的思想、文化、科技等方面的教育，通过提高农民的科学文化素质，达到我国农业由传统向现代的转变，达到农民收入的持续增长，进而实现农村的全面小康。

这一时期出版的专著有：李水山、王振如主编的《简明现代中国农业教育辞典》、张宝文主编的《新阶段中国农民教育发展战略》、李水山的《社会主义新农村建设民族干部读本》、《新农村建设启示录：韩国新村运动及启示》、《中外农民教育研究》和《现阶段农村职业教育焦点问题与发展对策》、何建斌主编的《农民教育理论与实践探索》[①] 等等。发表的论文有：2004 年 104 篇，2005 年 90 篇，2006 年 224 篇。硕士论文有 35 篇，博士论文有 88 篇，重要的会议论文有 14 篇，重要报纸文章有 275 篇。随着社会主义新农村建设工作的全面展开，农民教育研究者必将抓住这一历史机遇，实现农民教育研究持续、健康的发展。

农民教育经过三十年的发展，相关的研究论文已达到数千篇、学术专著多达百余部。其研究主要集中在以下几个方面：①关于农

---

① 李水山，王振如：《简明现代中国农业教育辞典》，中国农业科技出版社 2005 年版。

张宝文：《新阶段中国农民教育发展战略》，中国农业出版社 2005 年版。

李水山：《社会主义新农村建设民族干部读本》，民族出版社 2006 年版。

李水山：《新农村建设启示录：韩国新村运动及启示》，广西教育出版社2006年版。

李水山：《新农村建设启示录：中外农民教育研究》，广西教育出版社2006年版。

李水山：《中国农村职业教育焦点问题与发展对策》，中国和平出版社2006年版。

何建斌：《农民教育理论与实践探索》，中国农业出版社 2005 年版。

民教育自身现状、问题的研究；②关于农民教育的功能、地位和作用的研究；③关于农民教育的发展趋势研究；④关于农民教育的比较研究；⑤关于农民教育管理体制、制度的研究；⑥关于区域农民教育研究；⑦知识经济条件下农民教育发展途径研究，等等。

通过回顾近三十年来我国农民教育研究发现：改革开放以后，随着社会不断发展、特别是我国加入WTO及建设新农村的伟大构想提出后，研究者开始密切关注农民教育与时代发展的紧密联系，开始关注新形势下农村的实际需要，并在大量实证调查的基础上进行有针对性的研究。

2.2.2 我国农民教育研究存在的问题

改革开放三十年，我国的农民教育研究成果显著，研究领域不断拓宽，研究方法日趋多样，研究队伍逐步壮大，取得了可喜的成绩，但也存在着很多的不足和缺陷。

1. 农民教育理论研究不足

学科理论体系完善与否，在很大程度上决定着一门学科的发展水平。学科的理论体系，是指该门学科的概念和联结这些概念的判断，通过推理、论证，形成一个层次分明、结构严密的逻辑系统。它的建立是一门学科成熟的标志。而我国的农民教育理论研究存在着许多的不足。如高志敏所言，“数以万计的‘论文’，往往难觅浓郁的学术韵味，罕见缤纷的理论风采，所能留下的大片痕迹，便是在经验天空中的反复盘旋。两个严峻的事实就是：‘经验型的论文’常常被关锁在办学、教学等某些狭小空间屡遭重复，甚或是无所顾忌的不断‘拷贝’，从而失去了应有的探索价值和魅力……”。①

---

① 高志敏：《反思的觉醒、前瞻的选择——论成人教育研究的纲领与行动》，《河北师范大学学报》，2006年第5期，第96页。

2. 农民教育研究方法单一

从目前农民教育学术研究的情况看，农民教育研究方法还相对单一。以 2002—2006 年中国期刊网上以“农民教育”为题的论文为信息源，课题组进行研究方法的统计分析，得出如下结果。如表 2-1。

表 2-1　农民教育研究方法的年份分布

研究方法＼年份	2002	2003	2004	2005	2006	总计	比重（%）
历史文献法	11		9	7	5	32	24.6
调查研究法		1	3	3	3	10	7.7
实验研究法						0	0
比较研究法			5	4	4	13	10
理论研究法	10	15	16	11	40	92	70.7

注：本统计表中的方法以文章运用的主要方法为依据，有时一篇文章会采取多种方法，在统计时也一并计算在内，故会超过文章总数。

通过上表的统计分析，目前在农民教育领域研究者在一定程度上倾向于历史文献法、比较研究和理论研究方法，而较少运用现代科学方法、不重视以资料和数据为基础的质和量的研究，甚至都没有人运用实验研究方法，最终形成的研究选题大多数都是描述性“构想”、“对策”之类。正如马克·康斯特斯指出的“事实上，由于传统的训练以思辨为主，多数中国研究者容易认同定性研究。”①

3. 农民教育研究力量薄弱

一般来说，目前我国农民教育研究人员由主要有两部分人员组成：第一类是专职人员，就全国而言，这部分研究人员的数量不大，研究力量薄弱。第二类是兼职人员，这支队伍数量庞大，

① 马克·康斯特斯，张莉莉：《教育定性研究的概念和方法探讨》，《外国教育资料》，1997 年第 3 期，第 35 页。

全国约有1万人左右。[①] 但是，正因为兼职，所以许多人无法对农民教育进行深入研究。

在对2002—2006年农民教育研究论文作者的统计分析显示：客串作者共有140人，占全部作者的88%；核心作者19人，占全部作者的11.9%；发表论文量占总发表论文量的36.4%。根据国际通行惯例，核心作者所发文章一般应占50%以上，而我们的统计数据为36.4%，远远低于国际标准。因此，我们认为目前我国还没有形成严格意义上的农民教育研究的核心作者群。

我们的研究结果表明：2002—2006年有74.4%的农民教育论文是一个人单独完成的。这是研究者习惯于埋头苦干、各自为战、陈旧封闭的个体研究，没有形成科研合作组织，在研究方法上也缺乏整体观念和横向拓展能力。这种松散的研究模式难以形成高质量研究成果，使得已有的研究很难对教育决策、教学实践产生深远的影响。

2.3 发达国家和地区农民教育的实践

发达国家的农业劳动生产率高、技术先进、生活富裕与农民具有较高的科技文化素质有很大的关系。它们普遍重视对农民的教育，形成了一整套完整的教育体系。既强调理论与实践相结合，又注重生产和生活并重，并且有立法、有专门的管理机构与足够的经费保证、有政府和社会的大力支持。

2.3.1 美国的农民教育

美国的农民教育最早可以追溯到1857年佛蒙特州参议员莫

① 据乐传永、崔铭香《对目前我国成人教育理论研究的审视》记载成人教育理论研究者专职500人，兼职约几千人左右。农民教育与成人教育相比，境遇相似，规模应该比成人教育更小。

雷尔（Justin Morrill）正式向国会提交议案，要求联邦政府给各州拨地以建立“农业和机械学院”。1862 年，美国 37 届国会通过了第一个《莫雷尔法案》（The First Act）。该法案规定，按各州在国会中参议院和众议院人数的多少分配给各州不同数量的国有土地，各州应当将这类土地的出售或投资所得收入，在 5 年内至少建立一所“讲授与农业和机械工业有关的知识”的学院。1887 年，第 49 届国会又通过了《哈奇法》（Hatch Act），规定了在每所赠地大学建立一所农业试验站，进行农业领域的各项研究，为农民提供新的技术和成果。1890 年，第 51 届国会通过了第二个《莫雷尔法案》（The Second Act）使联邦政府对赠地学院的拨款制度化。1914 年，第 63 届国会通过了《史密斯·利费法》（Smith-Lever Act）。该法案规定，由联邦农业部和赠地大学合作，在每个州建立一个农业推广机构，向农民提供各种培训，将大学的研究成果和技术迅速推广给农民。1917 年，美国国会通过了以鼓励发展职业技术教育为主要内容的《史密斯·休斯法》，要求对农村在校学生及校外青年进行职业技术教育。1962 年的《人力开发和培训法》和 1964 年的《经济机会法》等规定开办职业培训班，共同构成一个完整的农业教育体系。

美国农民教育核心在农业科教体系的建立和完善上。美国农业科教体系的建立和完善前后共用了 50～70 年的时间。除各州的农学院、实验站和推广站以外，美国农业部也是一个重要的研究机构。农业部下设农业生产局、处，如植物生产局、昆虫局、动物生产局，以特定生产内容组织农业科研。联邦农业部后来还逐渐建立了 4 个国家级的研究中心和 10 个地区中心。到 20 世纪 20 年代，美国已经建立起一个庞大而相当完备的农业教育、研究和推广体系。

美国联邦政府和各州政府十分重视农业科教体系的建设，集中体现在各级政府在农业推广和科研方面的投资不断增加。1915 年，美国农业科研和推广的投资总计不到 0.141 亿美元，其后不断增加，尤其是二战后增加迅速，到 1970 年则增加到 8.255 亿美元，55 年间投资增长了 58.5 倍。[①] 另外，美国各级政府建立大量的农业研究机构，并配备了相当数量和质量的农业科技人员。美国农业研究机构平均规模为 93 人，约为我国的 2.5 倍；每万名农业人口平均拥有 21 名农业科技人员，约为中国的 78 倍。[②] 充足的资金和丰富的人才优势推动了美国农民整体素质的提高和农业发展。其农民教育的绩效主要体现在以下三个方面：

1. 农民受教育水平的提高

根据美国农业部的资料，[③] 1990 年年龄在 25 岁以上的农民受大学毕业教育的占 10.8%，比 1970 年提高了 1 倍多；1990 年未受过高中教育的比 1970 年下降了 23.2%。其中，绝大多数农场主和家庭劳动力都受过高等教育。

表 2-2　1970—1990 年美国 25 岁以上农民受教育状况

年份	人数(千)	未高中毕业(%)	高中毕业(%)	大学毕业(%)
1970	4093	56.1	36.9	5.3
1980	4628	42.8	47.8	9.4
1990	4976	32.9	56.4	10.8

资料来源：根据 Rural Conditions and Trends. By economic research service. USDA，1993 年，第 4 (3)：第 77 页整理而成。

2. 农业劳动生产率水平的提高

虽然美国从事农业生产的人口只占全国总人口的 3.1%，却提供了世界总产量的 20%，并出口了占美国出口总收入近 20%

① W. W. Cochrane. The Development of American Agriculture，1972 年，第 247 页。

② 王思明：《中美农业发展比较研究》，中国农业科技出版社 1999 年版。

③ USDA. Rural Conditions and Trends. By economic research service. 1993 年，第 4 (3)：77 页。

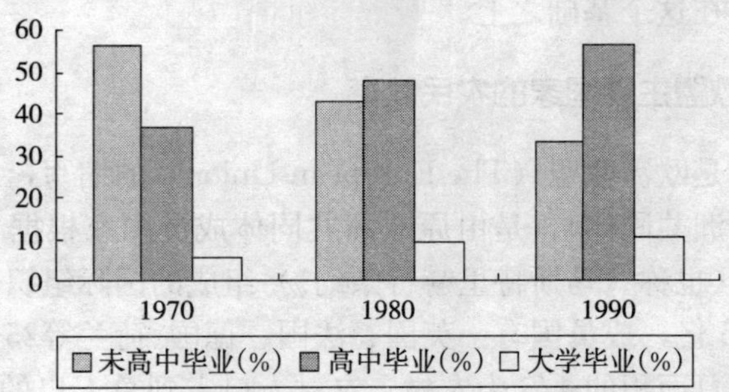

图 2-2　1970—1990 年美国 25 岁以上农民受教育状况

资料来源：Rural Conditions and Trends. By economic research service. USDA，1993 年，第 4（3）：第 77 页。

的农产品。良好的农民教育水平，有力地推动了农业生产力水平的提高。经过 60 年的时间，农业劳动所耗人时从 1940 年的 10 665亿小时下降到 2000 年的2 471亿小时，降幅高达 76.8%；相对应的是，农业劳动力人均供养人数从 1940 年的 107 人上升为 2000 年的 124 人。①

3. 科学研究对农业增长的贡献水平提高

农业机械化、化学化和生物技术在农业中广泛应用，极大地推动了美国农业现代化的实现，科研和农民教育对美国经济、社会及农业的现代化起着关键作用。据经济学家帕维里斯分析，1929—1972 年，美国农业产量增长的 81%，生产效率提高的 71%归因于科学研究和教育。同时，农业技术的推广造就了新一代农民，他们接受新知识、应用新技术，并从中获得利益。正如 Licora D and Kelsey 指出："没有一个国家可以单靠农业生产提高生活水准的，所以唯有农民的劳动效率，才可以节省出大部分劳动力去生产其他物品，或从事其他服务。美国的高度生活水准

① 孔令杰《美国农业生产率的增长和启示》，《农业经济问题》，2001 年第 3 期，第 60 页。

就是建立在这个基础之上。”①

2.3.2 欧盟主要国家的农民教育

欧盟是欧洲联盟（The European Union）的缩写，前身为欧共体（欧洲共同体），是由原欧洲共同体成员国家根据《欧洲联盟条约》（也称《马斯特里赫特条约》）组成的国际组织。目前有人口 4.55 亿，成员国有：英国、法国、德国、荷兰等25个国家。

欧盟总面积的 4/5 为农村，农村人口占到总人口的 1/4，因而无论从环境保护、增加农村居住者的福利，还是从人文传统的传承角度，农村的可持续发展都至为重要。欧盟的兴农宏观政策以共同农业政策（CAP）为主干。基于单一市场、共同体优先和共同财政三原则之上的共同农业政策，是“欧共体的基础”之一（另一基础是关税联盟）。经过若干次调整，对应欧盟农业与农村发展现实，共同农业政策指向稳定农产品市场、提高农产品质量和竞争力、确保农业生产者有一定的收入水平、促进农村发展等目标。欧盟理事会 1999 年制定的农村发展措施中就包括：促进青年农民安置，资助农民培训。即在培训方面，倾向于训练农民适应生产质量的重新调整，管理具有经济合理性的农业所需要的能力，以及与自然风景、环境、卫生标准和动物保护相适应的生产实践的应用。笔者就以英、法、德、荷等国的农民教育来具体剖析欧盟的农民教育，以资借鉴。

1. 英国的农民教育

（1）制定农民教育的法律。英国是最早实现农业现代化的国家之一，在不到 100 年的时间里，英国由农业人口占 80%的农村社会，发展到现在 80%以上人口居住在城镇的城市社会，农业劳动力只占全国劳动力总数的 2%，食品自给率已达 75%，畜产品基本自给。农业生产实现电气化和综合机械化。目前，英国

① 中国农业科学院：《当代世界农业》，四川科学技术出版社 1991 年版。

农业的高效率和高生产率位居西欧各国前列，这主要得益于英国政府高度重视农民教育工作。

为加强英国的农民职业教育与技术培训，英国政府制定了一系列法令和政策促进建立现代农民培训体制，1982 年英国政府颁布了《农业培训局法》，1987 年又对其进行了修改和补充。政府还不定期地针对农民教育培训工作组织进行调查研究，针对调查中发现的问题及时制订改进措施。

在英国，唯一能得到政府资助的产业培训就是农业，如规定农场工人上课时工资由农业培训局的政府基金支付，农场主不用支付；在法规方面对获得职业资格证书的农民给予优惠待遇，主要有：有权购地租地，申请建立自己的农业企业和经营农场；可得到政府提供的低息贷款；创办农场第一年可得到政府提供的资助和补贴；初始几年政府可对农场减免税收；为使农场现代化，可向共同市场理事会贷款；国家可派农业顾问对农场提供技术援助；受过农业教育的子女在继承农场时享有优先权。

(2) 设立农民教育的机构。英国的农民培训工作由农业部培训局、地方教育局和农学院合作进行。农业部培训局建立于1965年，其目的就是培训农业领域内的新雇员和提高就业人员的技能，使其学会使用新机器设备，主要是训练受训者的农业技能，而不是进行农业理论教育。英国的农学院形成于 20 世纪的 30 年代，最初只对已有农业背景的农民子女（主要是男孩）提供理论教育。全国有 81 所农学院，每县设农学院，类似我国的农业中专。学生入学前须有 1 年以上的务农实践，入学后多实行“1 年学院全日制＋1 年农场实践＋1 年学院全日制”的“夹心面包”式分段教学，强调实践教学。此外，政府在全国成立 16 个农业培训中心，基本上由国家设立，学员培训合格后，授予国家农业证书，毕业后在生产第一线工作。

(3) 灵活的教育方式方法。英国农民培训的形式灵活多样。从培训时间上来分，有短期和长期两种，短者几个小时，长者需要 1 年的实践培训，充分发挥了教育资源的作用。从参加培训的方式看，有不脱产、半脱产和脱产之分。从培训对象上分，有农业徒工培训班、农村青年培训班、农村成年妇女培训班和农场主培训班等。从培训的具体目的看，有基础农业培训、改业培训、向从事专业化商品化生产的农民传授专门知识和技术的培训、晋升技术职称培训等。

培训方式一般以实践训练为主，理论教学为辅。接受培训的级别越高，理论教学成分就越多。面对不同的培训对象，培训内容和培训方式也不相同。如对农场主和农业经营者则要进行管理培训，使其学习农场管理、物资财务计算和生产效率计算等。教学的方法也多种多样。通常使用的教学方法有现场模拟教学、项目研究、分组实习和案例研究等。这些都要求与农场或企业紧密结合，企业可以是属于学院的，也可以是附近地区的。

为了保证培训质量，各有关部门十分重视担负教学与培训任务的教员或辅导员的质量。除邀请学院教师和研究咨询部门的科技人员任教外，还请在农业第一线工作的具有丰富实践经验的人任教。1987 年，英国设立了“国家培训奖”，用来奖励在技术培训工作中成绩突出的单位。

（4）严格的职业证书考核制度。对于参加各类职业培训班的学员，则有严格的考试制度。英国甚至对各类培训证书考试规定了全国统一考试大纲。参加考试者只有考试合格，才发给“国家职业资格证书”（National Vocational Qualification）。国家熟练考试对学生进行一系列农事技能测验，不仅要评价学生某一特定工作的能力，而且要看其速度和熟练程度。为避免滥发资格证书，还成立专门的职业资格评审委员会，如英国的“技术能手证书”考试由国家熟练考试委员会主持，全国青年俱乐部协会协助考试。国家熟练考试委员会由农场主、教师和农场工人代表组成，是企业组织的技能测验和咨询机构，负责对农、林、园艺等方面熟练程度的测验，并协调测验机构的工作和监督测验方法。[①] 英国农民培训的职业资格证书分为技术教育证书和农业职业培训证书两大系列（见表 2-3）。

表 2-3　英国农民培训证书类别

系　列	种　类	系　列	种　类
技术教育证书	养禽技术员证书	农业职业培训证书	农业工程证书
	农业工程技术员证书		农业机械证书
	食品技术员证书		农业证书
	农业技术员证书		奶牛证书
			农场管理证书
			农场秘书证书
			林业证书
			园艺证书
			庭院证书
			畜牧证书
			养禽证书

在英国，农民培训的职业资格证书和农民职业学历教育证书基本上是相互分离的，农民培训对象和农民职业学历教育对象所获得的职业资格证书是不一样的。这些职业资格证书的设置在专业的划分上非常细，如英国奶牛证书的设置就具体到了农业中畜牧业的奶牛养殖这一具体方面。同时，不同类别的培训证书对培训时间、能力要求各不相同，且它们之间呈一种递进关系。

（5）多方结合的农民教育体系。英国的农民职业教育与技术培训以农业培训网为主体力量，再辅以高校及科研与咨询机构，已基本形成高、中、初三个教育层次相互衔接，学位证、毕业证、技术证等各种教育目标相互配合，正规教育与业余培训相互

① 思明：《国外农村的智力开发和农民技术培训》，《世界农业》，1986 年第 9 期。

补充，分工相对明确、层次较为分明的农民教育培训体系，可以适应不同层次人员的需要。[①] 目前，英国有 200 多个农业培训中心，每年约有 30%的农业劳动者参加各种不同类型的农业培训活动。

2. 法国的农民教育

法国是当今世界农业强国，是欧盟最大的农业生产国。其农产品出口量仅次于美国，居世界第二位。之所以取得如此成就，与政府重视农业科学研究和农业教育是分不开的。成功经验主要是：

（1）政府的重视和支持。法国的农民教育历史比较悠久，1848 年法国议会就批准了在图鲁兹建立第一所农业技术学校。1960 年以后，法国对农业教育进行调整和改革，不断完善农业教育体系。如今，法国有 900 多所农业院校，在校学生 17 万多人，每年还有 10 多万农民接受教育培训。

1960 年，法国颁布了《农业教育指导法案》，建立农业教育培训体系，农业部在全国建立了一批农业研究机构和农业学校，从事农业人才的培养。法国规定，农民或农业徒工在参加培训期间，由政府或有关农业专业协会组织的培训基金会发给补助费，如旅费、食宿费等。对于他们的工资，徒工参加 500 小时以下的培训，由雇主负担 160 小时或头 4 个星期的工资；培训时间超过 500 小时，雇主负担头 500 小时或 13 个星期的工资；雇主为此支付的工资达到一年工资总数的 1.1%，超过部分由国家补贴。[②]

此外，针对一些个体农户由于客观原因很难集中时间参加培训的情况，如经营畜牧业的农民，每天都要饲养家畜，不像经营种植业的农民那样有季节性，一些地区就由农民自己组织了“替代服务站”。当某个农民需要离开生产参加培训时，由“替代服

① 丁国杰：《欧盟三国农民教育培训的经验及其借鉴》，《世界农业》，2004 年第 8 期。

② 杨士谋：《欧洲农业教育》，北京农业大学教育研究室（油印本），1984 年版。

务站”替代他们从事农业生产。法国政府和农民专业协会为推动服务站的发展而设立了“国家农业发展协会”，对服务站给予资金上的支持，按照开展活动的天数发放补助金。法国80多个省份都建立了这种服务站。

法国的农民教育培训都由农业部主管，包括任命中等与高等农业学校校长、拨发教育经费、设置专业和课程、进行人员管理等。教育部只负责农业教育文凭与国家基本文凭的对等协调工作和宏观管理工作。这样可以避免多头办学、多头领导，避免教育资源的分散和浪费。

国家采取鼓励农业的政策，不仅为农民购买农田和农业机械提供各种优惠的贷款，而且还在农产品价格上给予丰厚的补贴，实行税收优惠政策，建立农民社会保障体制，鼓励农民安心务农。自1992年法国实施欧洲共同农业政策之后，法国农户每卖出一吨粮食，都可凭发票向政府申请一定数额的农业补贴。①

（2）办学形式灵活多样。法国的农民教育培训可分为中等农业职业技术教育、高等农业教育和农民职业培训三个部分，形成较为完善的教育培训体系。中等农业职业技术教育的任务是培养具有独立经营能力的农业经营者或具有某项专门技术的农业工人。高等农业教育则是高中后教育，主要包括2年制的高等技术教育、4～5年的工程师教育和6年或8年的研究生教育。农民职业教育面向农民，讲求实效，不拘形式。培训目标既接近实际又具有前瞻性。培训分为短期培训和长期培训。短期培训一般为20～120小时，长期培训一般在120小时以上，使未受过农业教育、不具备农业经营知识的农民，取得经营农业所必需的基础知识。

除正规教育外，法国大力发展职业教育和成人培训，法国农业高等教育、技术教育、职业教育具有各自不同的培养目标，各级学校教育分工明确，从农业工人、技术员到工程师及科研人员

① 君杰：《法国农民生活不发愁》，《农村工作通讯》，2005年第10期。

的培养都有相应的教育机构承担。法国农业教育培训的办学机制相当灵活，国家和私人一起办学，职业培训深入到田间地头、落实到农民家庭。

所有的农业学校都拥有自主教学和科研的能力。农业学校向广大农业生产者敞开大门，除可以在农业学校里接受最新的农业科技培训，还可以随时去资料室查找所需要的材料。这些政策也同样适用于其他的有资格向农民提供培训的机构。农民接受培训是以需要为前提，以制度作保障，以实效为原则。所以才会有长短期并存、授课方式灵活、培训机构多样的特色。总之，对农民的培训是一切为了农业，一切方便农民。

（3）教育内容广而实用。随着农业生产的科技化、规模化、机械化的发展，农产品参与市场竞争的需要，培训内容越来越广，专业划分越来越细。在教育与培训过程中，农业院校十分重视实践环节，充分利用学校的农场或生产车间，组织学生进行实际生产劳动，定期安排学生去企业实习。政府通过制定相关法律和政策，要求所有企业和个体农庄无条件地、随时随地接受学生实习、参观及各种学习需求。如法国的农民培训证书（表 2-3），在培训时间上，农业职业技术教育证书、农业专业证书、农业技术员证书和高级技术员证书分别需要 200 小时、680～920 小时、2 年和 2～3 年的时间；在培训所需基础能力的要求上，必须拥有了前一级证书所要求达到的能力，才能参加下一级证书培训（表 2-4）。

表 2-4　法国农民培训证书类别

类　别	备　注
农业职业教育证书	有 3～5 年农业实践经验，欲继续经营农场但没有取得农业职业教育证书，需要进行至少 200 小时的农业职业培训，取得证书后，才能得到国家的补助

（续）

类　别	备　注
农业专业证书	经过 680～920 小时的某一专业培训，可授予农业专业证书，政府确认它具有某种专业能力
农业技术员证书	成年农民为提高自己的资历，经过两年的培训，可取得农业技术员证书
高级技术员证书	技术员经过 2～3 年的培训，达到农业专科水平，授予高级技术员证书

（4）及时调整教育内容和专业。法国的农民教育不断适应农业发展的需要，改革与调整自身结构，专业越来越多、越分越细，现在除了普通的农林牧学校外，还有诸如农业机械、农产品加工、销售、畜牧良种保护与发展、牧马、国土整治、环境保护、森林维护、农业管理、农业服务、农业旅游等方面的专业学校。

3. 德国的农民教育

二战后，德国只用三四十年时间恢复了战争创伤，建成一个经济发达的国家。德国农牧业生产以专业户为主，即农场主，规模一般为 15～30 公顷，农牧民生产富裕，在政治、经济、文化、教育、工作、生活等方面已消除了工农差别、城乡差别。全国人口中虽然只有 14.3%的农民，但全国人口的生活资料有 75%来自于本国农业。

高效率的德国农业、畜牧业得益于科学、健全的农民教育培训与等级证书制度，政府高度重视农民教育培训工作，大量的财政投入，建立健全了完善的农民教育培训体系，使从事种养殖业的农牧民免费接受现代科技的理论培训和实际操作训练，并取得从业资格，提高了农牧民的素质。德国农民教育培训与等级证书发放管理体系堪称世界一流，归纳起来主要有以下几条基本经验：

（1）健全的管理体系。德国高度重视农民教育培训工作，建立了完善的农民职业技术教育培训管理体系，各州都建有农民职业技术教育培训学校及实验基地。在联邦德国，1969 年以前，在职农民培训主要由商业会所和农会负责，联邦德国农民联合会、农村妇女联合会、农科学生联谊会和农村青年联合会协助进行。1969 年联邦政府公布职业教育法，农民培训工作开始由农业协会（如果未设农业协会，则由州确定主管部门）主管，地方教育当局和培训农场协同进行。联邦德国和民主德国统一后，民主德国所属地区的农民培训工作也由 1969 年职业教育法规定的相应机构负责管理。

德国法律规定，施训者给予学徒相应的津贴，其数额取决于学徒的年龄，至少每年增加一次；实物津贴按国家保险法第 160 条第（2）项作相应的折算，但不得超过津贴总额的 75%；教学时间以外的工作应得到相应的报酬。

在德国，农民培训机构就由培训农场或培训企业和该系统公共教学机构共同组成，其中培训农场必须具备培训农民所必需的条件并经政府批准，农场主必须经“师傅考试”合格并获得证书和被授予称号。

德国的“农场师傅证书”考试由主管部门建立的考试委员会负责。考试委员会至少应由 3 人组成，其成员必须熟悉考试内容且能胜任工作。考试委员会成员中雇主与雇员的代表人数必须相等，并至少要有一名职业学校的教师。委员会中至少要有 2/3 的成员是雇主与雇员代表。成员由主管部门聘任，任期三年。雇员代表由主管部门所在地工会或由雇员独立协会提名任命，职业学校教师代表须经监督学校的机构或该机构指定的部门同意，由主管部门任命。同时，这些考试都有一定的淘汰率。

（2）科学的“二元系统”。德国农民职业教育的特点是理论学习和农场实习相结合的二元系统。在该系统中十分注重供学员实习的农场资格的要求，并且理论培训与实习交互进行，达到理论知识与生产实际的结合，使学员能将所学的理论知识应用到生产中去，解决生产中存在的问题，培养学员的“动手”能力。

如：学员在课堂上完葡萄种植、采摘课程后，由教师带领大家到学校的种植基地进行实际操作训练；上葡萄酒酿造课时，教师带领学员在学校的酿酒厂按照工艺流程直接操作。在此基础上还须到2个以上有资格的农场进行实习，实习结束后，由一个专门的考试委员命题对学员进行考试，命题委员会成员的2/3由农场主组成，1/3由学校教师组成，避免了在考题中过分强调理论知识，而疏忽学员实际技能的考核。

（3）合理的经费投入。政府的合理投入是德国农民职业技术教育与等级证书的管理体系得以正常运转的关键。对农民教育培训的投入，一方面由国家将农民教育培训列入财政预算，安排专款。各农业学校、培训中心制定培训计划，作出预算，国家财政按规定下拨培训费；另一方面，通过立法，由企业和个人以纳税形式交纳培训费。政府的经费大量用于农民职业技术教育培训，以提高劳动者的素质，降低劳动者的“求知”成本，增强生产技术能力，提高产品的市场竞争力，使德国1/3的产品可出口到东欧及亚洲国家。

4. 荷兰的农民教育

荷兰在地理面积上是一个小国，但是其发达的农业却居世界前列，其中一个关键的因素就是荷兰拥有一批懂经营、有文化的高素质农民，荷兰提高农民素质的经验值得学习与借鉴。荷兰农民教育的成功经验主要有以下几个方面：

（1）政府重视，加大投入力度。荷兰一向重视农民素质，体现在观念上，就是自上而下都很重视农业，重视农民，把农业作为一项职业；体现在行动上，就是重视农民的教育。早在1901年，荷兰政府就实行了义务教育。2004年，该国教育和研究的经费占国家总预算的19%，比其他部门都要高，充分说明国家对教育的重视。荷兰与农业有关的科研、推广和教育，由农业、自然及食品质量部统一负责。该部对科学和知识传播的投入，每年占全部预算的2/5。正是政府对农民素质的高度重视，荷兰农民的整体文化水平都比较高，对荷兰农业的发展起了关键性的作用。

（2）完善的农业教育体系。荷兰对农业的重视不仅体现在高投入方面，而且还体现在建立了完整的教育体系，保证了教育的持续性和完整性。荷兰的农业教育体系包括四个层次，有初等、中等、高等和大学。初等教育主要提供农业基础教育，每个年轻农民都必须接受初等农业教育；初等农业教育结业后，可选择进入中等农业学校学习，学制为二至四年，主要学习与农业有关的各种职业技能；高等农业教学由农业学院承担，内容涉及农业经营、研究和农业组织等领域，一般要学习四至五年，学生毕业后可获得相当于其他国家学士的学位；大学农业教育由瓦赫宁根大学承担，这是农业教育的最高层次，学制一般为五至六年，毕业后可获得相当于其他国家硕士学位，再继续深造四年可获得博士学位。此外，荷兰的农业职业教育和技术培训也很发达，培训系统几乎覆盖了农村的每个角落，农民之间还自发地组织起来，相互切磋和交流经验。正是完备的农业教育体系，使荷兰农民得到了系统的训练，具备了相当高的科学文化素质和农业技术素质。他们能够及时接受新技术，跟上时代和世界发展的步伐，使荷兰农业走在世界的前列。

（3）注重实践的教育内容。荷兰农民教育最大的特点是特别强调实际应用，培养学员独立解决问题的能力。在结束了初级农业学校的学业后，学生通常要经过两年的见习期，坚持“在干中学”，学校听课只是占一小部分，主要是和农场主一样干活，在这个实践过程中可以得到辅导老师的帮助。这种实习不仅能使学生系统完整地复习课堂中学到的知识，而且能够帮助他们了解实际情况，独立地解决实际问题。在各种对农民的中长期培训中，荷兰采取课堂教学和实验示范相结合的方式传授科学知识和先进技术，收到较好的效果。

（4）先进的农业教育理念。体现在国家政策上，就是强调农业的可持续发展，突出对环境的保护。1989 年，荷兰农业部等四个部联合制订了“国家环境政策计划”，要求从结构调整、总量控制、畜粪排放处理三方面控制对环境的破坏，并且通过筹措资金和设立新的税种两个方面来保证农业的可持续发展。体现在学习形式上，就是互联网的普及。荷兰农民之所以能把握国际市场的发展动向，很重要的一个原因在于网络的应用。许多荷兰农民家中都接上了互联网，可以随时到相关网站上了解最新的农业信息，这不仅使农业科技传播更加迅捷，更增强了农民学习的积极性和主动性。正是利用了网络这个现代化的交流工具，荷兰农民才能随时把握市场发展变化的动向，才能不断根据市场的变化调整自己的生产方向，使自己的产品领先于其他国家。

2.3.3 日本的农民教育

日本和中国同为亚洲国家，日本国土面积小，只有 37.8 万平方千米，加之山地多，国土面积中耕地所占的比例只有 14%，人均耕地面积仅 0.031 公顷，相当于中国的三分之一。日本人口也多，1995 年人口已达到 1.25 亿。二战后初期，日本经济极度困难，粮食供应十分紧张，人们面临着饥饿的威胁，提高农业劳动生产率，增加粮食产量，成为当务之急。日本政府在农民教育方面采取了以下措施：

1. 政府对农业发展的扶持

20 世纪 50 年代，日本政府对农业的投资已占国民经济投资的 20%左右，以后对农业的投资呈增长的趋势，目前已经超过了 40%。日本政府对农产品实行价格补贴政策，70%以上的农产品价格受政府的价格支持，并对农业生产者实行资助和补偿。在农法体系中，专门针对农业的财政、金融、灾害补偿及保险等法律占有重要分量，这方面的法律约有 30 多部。如《粮食管理特别会计法》、《强化农业经营基础措施特别会计法》等。

2. 协会对农民的服务和指导

日本农业的基本经营单位是农户，绝大多数农户都加入到一定的组织中，或者是“农业协同组合”，或者“水产业协同组合”，或者“林业协同组合”。这些组织为农民服务，并与农民结成经济利益共同体，基本上做到了农民需要什么服务，就提供什么服务。农协设有营农指导员，在生产、经营等方面给农民以指导。产前由营农指导员按专业把农民组织起来，根据农协提供的信息及各农户的实际情况，帮助农户编制生产与经营计划，并给予具体的帮助；产中按规划供应农药、化肥及其他生产资料，并进行具体的技术指导；产后接受农户的委托，对农产品分级包装并运往市场。基层农协为农户提供种苗供应、农产品收购、销售、加工一条龙服务，推广高品质化栽培技术，生产出名牌农产品等。

3. 注重培养后继农民

日本全国有 52 个农业者大学，其中国立 1 所，县立 48 所，私立 3 所，相当于短期大学。农业者大学以培养承担现代农业经营，贡献于社区农业振兴的农业后继者为目标，具体分解如下：培养发展农业高新技术、管理、经营、组织能力；培养能适应技术及经营革新所需的应用能力；培养能维系现代化农家生活所需的家庭经营能力；培养能适应不断发展变化的经济、社会的开阔视野和合作能力。

日本农业者大学教育的特点是：学生先到学校农场和农户劳动，并亲身体会后，学习技术、经营、管理等知识，边学习边实践。教师来源主要是农业推广机构的专门技术员、改良普及员、农业试验场职员，教学内容与当地推广的技术、社区农业、经济紧密结合，教师要始终通过实践起到表率作用。

学生生源是高中或同等学力毕业后独立从事家庭农业，经高中校长或所在地区农业改良普及所长推荐的学生。学制 1～2 年。学校设置的主要学科是农业、园艺、畜牧、经营、生活等。每年招生2 700多名，注重实践教育，有专职老师。八岳中央农业实践大学等 3 所私立学校以招收高中毕业的农家子弟为主，年招生

30～120 名，注重实践教育，有专职老师。绝大部分的学校都有附属农场。同时还举办“绿色学园”，对将要从事农业生产高中生进行农业经营知识的函授教育。

4. 着重培养社区农业的中坚人才

为适应农业发展的新形势，日本的农民教育注重培养中坚农户，并以培养策划、组织管理、判断、收集信息能力和创新、创造和合作精神、企业家精神等方面的培训为重点。

农林水产省的农业者大学要求学生入学前要有一年的农业生产实践，每年招生 50 名，注重人文教育，大部分授课依托校外讲师。日本还有4 000多个青年俱乐部，帮助农民提高科技文化水平，活跃农村生活。

5. 创新农业劳动力培养模式

据调查，在应届毕业直接从事农业和转职到农业的人员中，分别有 77％和 39％在学校受过农业方面的专业性教育；在现有务农人员中，43％在农业改良普及中心等公共机构接受过培训或进修，38％在农协等农业团体接受过培训或进修。由此可见，这种学校教育与继续教育形成日本农民教育相辅相成的两个车轮。

经过短短数年的时间，日本的农业生产水平在 1950—1952 年间就恢复到战前的水平，1955 年水稻生产获得大丰收，生产指数上升到 128.2％，产量超过1 000万吨，日本的畜牧业也以超过战前两倍的速度持续发展。1975 年全国水稻平均亩产 401 千克，1978 年达 416 千克，是世界上平均单产最高的国家。1975 年农林牧渔业总产值为 11.86 余万亿日元，其中种植业占 55％，畜牧业占 21％，渔业占 16％，林业占 8％，实现了农林牧渔业的综合发展。[①] 促成战后日本农业经济发展的因素是多方面的，

---

① 梁忠义：《战后日本教育与经济发展》，人民教育出版社 1981 年版，第 102 页。

如在政府扶持下用经济办法管理和推进农业生产等，但是日本政府对农业及农民教育的重视是实现农业现代化不可忽视的重要原因之一。

2.3.4 韩国的农民教育

韩国是一个经济比较发达的工业化国家，农业人口440万左右，占全国人口总数的9.5%。韩国的农业受到本国各级政府的高度重视，农协组织在发展农村经济，为农民产前、产中、产后的各项服务以及农民职业教育中发挥着巨大的作用。韩国的政府和国民坚持“农者天下之大本”的祖训。农业教育部门积极开展人性教育和人的品格教育。根据本国农业结构的调整，不断增设新专业，拓展新的教育领域，实行多层次、多学科、长短结合的学历教育和实用技术培训。农协大学十分重视对农村干部、农村妇女和预备农民的教育，韩国政府也给予农民教育较大的投入。总的说来，韩国的农民教育具有以下特点：

1. 农民教育的主体明确

韩国的“农业协作合同组织”（简称农协）成立于1961年8月，是全国性分级网络型经济组织，是政府与农民间的桥梁与纽带，主要从事流通事业（农产品产地中心、集货场、冷藏库、包装、销售）、加工事业（有160多个加工厂）、购买事业（肥料、农药、农机、农耕用品，均可送货上门）、生活物资事业、金融事业（银行）、共济事业（意外保险、农村医疗）与指导事业（培训农民、普及推广技术，供应良种，为农民提供报纸、幻灯、录像、光盘等视听教材，传播农业信息，开展国际交流等）。指导事业中有较大比重是对农民进行培训：从培训农民、农民继承人、专业农民、农协工作人员到各级农协的领导；有3～5天的短期培训，也有长期的正规学历教育；有不脱产、半脱产培训，也有全脱产培训。多层次、多形式、多渠道的农民培训，为提高韩国农民素质，发展韩国农业做出了贡献。

2. 农民教育的主要机构农协大学作用突出

农协大学成立于1962年，下设学部、经营学院与产学协力教育院、农业开发研究所。整个校园环境优美，师资雄厚，设施先进，管理规范、严格。至今已培养3 170名大学毕业生，其中在农协中央会工作的947名，同时还举办各种类型的培训。以培训高级农业经营者为例，培训时间约一年，培训经费每人250万韩元（约2万人民币），自己负担75万韩元（30%），委托单位负担175万韩元（70%）；培训课程包括：农业、园艺（果、花、菜）栽培技术、畜产、经营设计、投资分析、农业情报、农机修理、汽车故障简易诊断、金融、税务、子女教育、论文指导，还有一般讲座、专题讲座、教学实习。经过培训，要使高级经营者成为适应国际化、开放化时代需要的专门农业人才，带动本国农业发展；要使受训农民具备良好的职业道德和爱农务农思想，能够科学地灵活运用农业经营所需的良种、种苗、机械设施等农业生产资料的能力；要在生产、加工、流通等方面提高自己的资源利用率和充分发挥本身的技能，要具有记录、分析、管理自身的经营状况的能力，能把研究报告、专业杂志、因特网信息应用到经营中去。

3. 注重培养专业农民

韩国政府为了缓解农业人口老龄化、女性化以及农村青少年轻视农业的趋势，非常重视对农业继承人的培养。一方面对农业继承人提供学习机会，让他们到农业院校、农村技术指导站培训；另一方面对农业继承人提供用地与资金扶持，然后再对农业继承人中的优秀者进行培训，提高其综合素质，成为专业农民（专业户）。专业农民培训费的20%～60%由政府扶助，还可得到可观的资金援助，如对粮食生产专业户扶持资金为2 350万韩元，4～7年偿还；对耕地规模化专业户扶持资金为2 560万韩元，20年均等分期偿还；对花卉、蔬菜等专业户扶持资金为0.5亿～1亿韩元，5年均等分期偿还。这样，专业农民就能发展其产业，取得良好的经济效益。[①]

通过多年来大力发展农业教育，提高了农民素质，传播了新技术，并最大限度地开发和利用本国的农业资源，发展农村经济，增加农户的收入，也使国民得到便利和实惠，缩小了城乡差别。

2.3.5 我国台湾地区的农民教育

20世纪50年代以来，我国台湾地区引进了美国的农民教育体系，并且借鉴了日本农协会的农民组织形式，采取了一系列卓有成效的推进农业现代化的举措，逐渐摸索出一套适合本地区实际的农业教育体系，促进了台湾农业的发展。其主要特色是：

1. 多元化的农民教育部门

台湾地区一直比较重视农业技术教育推广工作，并把它纳入各个时期的农业发展、科技发展的规划之中，形成一套行之有效的运作机制。台湾地区的农业推广体系由主管部门监督系统、执行系统、协助系统三部分组成，即互相合作，又各行其推广教育计划，但基层以农会为主体。各级主管部门分设有“农林厅”、“农林科”、“建设科”、“办公处”，并组成相应的农业推广教育辅导“委员会”。各级农会分设有推广组、推广课、推广股，农会会员建立了农事研究班、家事改进班、四健会、示范农家等组织，负责农事、家政和青年教育的推广工作。协助系统的涉农企事业单位、大专院校农业推广中心、精致农业发展中心、农业推广教育系，负责培养专门农业人才和协助农业推广教育工作。

台湾地区的农民教育推广体系是台湾当局主导交由农会具体负责的运作模式。其运作程序是：农林部门将农业推广教育辅导“委员会”编制的推广计划下达给市县农林科，然后由县市农林科直接与各级农会联系。县市农林科起到媒介作用，一方面把农

---

① 李水山：《韩国新村运动对农村经济发展的影响》，《当代韩国》，2001年第2期。

业科技推广计划向各个农会下达，另一方面收集农业技术推广中存在的问题向上级农林部门汇报，而后再把处理意见或新的科技成果反馈给农会。

台湾地区农会的宗旨是“保障农民利益，提高农民技能，增加农业生产，改善农民生活，发展农村经济”。台湾农会组织有四级，即省农会、县市农会、乡镇农会和村农会。农会有四个功能，即农业技术推广和教育、农产品供销、农村信用和农业保险，其中技术推广和农民教育是农会延续历史最长，也是最重要的职能。具体的推广工作由乡镇农会的推广股、村农会的“四健会”、“农事研究班”、“家政改进班”和“示范农家”等农会系统的基层组织完成。除此之外，台湾一些科研单位、农业改良场和公营专业企业也设有推广部门，从事相关专业的技术推广教育。

2. 多样化的农民教育内容

20 世纪 50—60 年代，台湾地区经济建设的主要任务是解决温饱问题，增加农业生产总量，以稳定社会，所以农民教育的重点是以良种和化肥为中心的农业增产技术推广。70 年代的农业政策转向提高农民所得，增进农民福利，农业政策的目标从数量型向质量型转变，农民教育的重点也随之发生转变——以推广现代化农业经营方法，推广农业综合技术和农业机械技术等为主。80 年代农民教育工作重点以农业高新技术和管理作为新时期的主导方向。90 年代后期，台湾地区“农委会”把农业机械、食品加工、生物农药等技术作为重点推广项目。本世纪以来，台湾地区进一步加强农业推广教育及组织培训工作，颁布了“加强农业推广教育设施计划”，并制定“农业推广教育设施补助计划处理规定”。

推广教育重点有以下三方面的内容：一是农业技术推广。其任务是贯彻当局提出的各种农业技术措施，普及新品种、新技术，改革耕作制度，增加农业生产量。二是农民教育。其任务为培养青年具有健全的头脑以深化思维；健全的心胸以发展品性；健全的双手以改善生活；健康的身体以服务社会等四个方面，简称“四健会”。同时，还组织农村青少年从小学习各种农业生产技术和科学种田的知识，从小培养他们经营农业的兴趣和技能。三是家事辅导。它的主要内容包括家庭预算、食品和衣着采购、儿童照料、烹饪、营养、家庭布置、卫生条件、村庄社区规划和环境美化等。目的是传授农业知识，推广科技成果，提高农业人员的素质，发挥农村妇女的作用。随着农业知识经济的发展，台湾地区的农业技术推广内容和范围也在逐步拓宽，除农业生产技术外，还有现代化农业综合开发利用，提高农业劳动生产效率的技术，农产品的市场运营、销售和利用，自然资源的保护、利用和开发，农场管理，农村社团的改进和资源开发等方面。

3. 多渠道的经费来源

台湾地区农民教育的经费来源主要有五条途径：一是当局提供经费。早期的推广经费由美国援助的“农复会”提供50％以上，当局正式编入预算，资助开展农业推广。1965年以后美援停止，“省农林厅”承担推广经费的40％以上，其余由农会承担。二是农会提供经费。台湾地区农业推广经费的30％～40％来自农会，主要由各级农会的信用部和运销部的盈余中提取。农会金融机构从每年所获纯利润中提取10％以上作为农会辅导和推广事业费。农会总盈余中，农业推广、训练、文化、福利等事业费不得少于62％，5％为各农会间推广、互助、训练等经费。三是农民教育事业的收入。在推广服务中收取的手续费及其经营收入，如人工授精工本费、洋菇原料代收手续费、农会自营示范场、种畜场的产品销售收入等。四是一些专营企业的投入。如农药厂、化肥厂以及种子种苗企业等提供的赞助。五是募集收入。根据有关规定，向农会会员募集推广经费，通常按会员作物栽培面积和饲养家畜头数为募集标准，募集收入、企业赞助和推广收入约占推广经费的30％。

4. 多层次的教育推广队伍

台湾地区的340多个乡镇分成6个辅导区，由“省农会”设

6个辅导员，采取“省农会”辅导县市，“县市农会”辅导乡镇的分层辅导制度。平均每个乡镇农会约有5个推广指导员，他们由基层挑选，送农业院校或研究所培训，并获得农业高校的毕业文凭后，由区农业改良场聘任方能从事农业推广工作。为使他们的专业知识能够胜任农业推广工作，还规定每隔一年对他们进行一次专业训练。训练内容有一般专业训练、特别作业的专业训练和推广技能专业训练，分别由各级推广讲习所、试验单位、农业院校、师范大学家政系、家政专科学校、职业学校等来承担训练任务。

台湾大学农学院设有农业推广系和农业推广研究所，负责培养农业推广人员。公立的农业院校都设有推广委员会从专任教师中推荐推广教授3～6人，任期2年。推广教授与从事教学、科研的教授同等待遇。

总之，台湾在由农业社会向工业社会转化过程中，农业、农产品加工业起着重要作用。在20世纪50年代台湾农产品出口占全部出口产品的96%，是主要的外汇来源。其后的几十年，台湾工业有了很大的发展，而农业也取得了令人瞩目的成就。这一切都与台湾的农民教育有直接的关系。

2.4　本章小结

本章论述了两方面的内容：一是农民教育的研究概况。农民教育研究的概况又分为国外的农民教育研究和国内的农民教育研究。前者主要叙述了国外马克思主义者、经济学家、教育学家关于农民教育的研究情况；后者研究了中国农民教育研究的发展阶段，农民教育研究中所存在的主要问题。二是发达国家和地区农民教育的实践。主要是对美国、欧盟、日本、韩国和我国台湾地区的农民教育的经验进行概括。

第三章　福建省农业与农村经济对农民教育的需求分析

社会主义新农村建设需要培养新型农民，而新型农民培养的基础是提高农民文化教育程度。据统计，我国92%的文盲半文盲在农村，农村劳动力中小学及以下文化程度的占40%，农民平均受教育年限不足8年。而福建省高中以下文化程度的农村从业人口占总人数95.5%，可见，现阶段农民的典型特征就是文化程度普遍不高，新型农民首要特征就是有文化。本研究将利用有关统计资料，论述农民受教育程度与农民收入之间的相关性，揭示农民受教育程度与农村经济社会发展的相互关系。

3.1　福建省农业和农村经济概况

福建省地处祖国东南沿海，境内多山，素有“八山一水一分田”之称。农业用地特别是耕地比重小，仅占总土地面积10.64%，而且沿海地区耕地更缺，后备资源有限，宜农荒地和滩涂可开垦为耕地的潜力也不大，使农业生产发展受到一定限制。同时耕地中平原地少，梯田坡地多。耕地类型较为复杂，以水田为主，占80.8%，且主要是种植粮食作物和大田经济作物。耕地面积变化幅度较大，新中国成立以来逐年减少，并有继续减少的趋势。1952年全省耕地面积146.8万公顷，人均耕地1.75亩；到2005年末，全省耕地面积为112.9万公顷，人均耕地仅有0.48亩，是全国人均耕地最少的省份之一。

全省山地丘陵面积有1 000万公顷左右，约占土地总面积85%，海拔一般较低，1 000米以上的仅占3%，500～1 000米的占33%，500米以下的占64%，便于开发利用。山地丘陵林业基础较好，现有林面积449.6万公顷，加上疏林地、灌木林地和未成林的造林地等共有560.7万公顷，人均3.3亩，活立木蓄积量共有4.3亿立方米，人均17立方米，都高于全国平均水平。

2006年是社会主义新农村建设的开始之年，福建省各地、各部门认真贯彻落实中央和福建省委、省政府有关农业和农村工作的各项政策措施，坚持科学发展观，发展现代农业，扎实推进福建省新农村建设。两年多来，福建农业和农村经济发展态势良好，新农村建设取得了良好开端。

3.1.1　福建省农林牧渔业经济运行态势

改革开放以来，福建农业和农村经济取得了前所未有的发展。1999年全省农林牧渔业总产值首次突破千亿元大关，2007年达到1 692.16亿元，按可比价格计算，比1978年增长4.8倍，年均增长6.2%。其中，农业产值685.34亿元，比1978年增长3.3倍，年均增长5.2%；林业产值120.72亿元，增长8.5倍，年均增长8.1%；牧业产值340.27亿元，增长7.4倍，年均增长7.6%；渔业产值474.32亿元，增长16.1倍，年均增长10.3%[①]（见图3-1）。

1. 农业生产取得积极成效，主要经济作物发展较快

新农村建设以来，福建农业生产效果明显，主要农产品总体数量有了较大增加，水果、茶叶、猪牛羊肉、水产品等具有相对优势的农产品增长较快。如统计表明，2006年福建省粮食总产量为701.53万吨；油料总产量为26.86万吨。蔬菜产量为

① 福建省统计局：《农村改革步步推进经济社会全面发展——福建改革开放30年系列分析之八》，[EB/OL] http://www.stats.gov.cn.

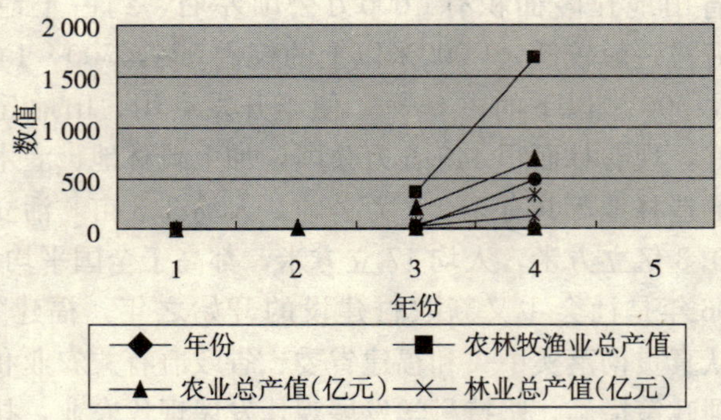

图 3-1　福建省农村经济增长比较图（1978—2007 年）

1 356.96万吨，烟叶 12.84 万吨，园林水果产量达到 494.97 万吨。[①] 2007 年，福建省粮食产量 702.05 万吨，烟叶产量 12.99 万吨，油料产量 26.62 万吨，蔬菜产量1 374.58万吨，水果产量 595.68 万吨[②]（见表 3-1）。

表 3-1　2005—2007 年福建省主要农产品产量

年份	油料（万吨）	甘蔗（万吨）	茶叶（万吨）	粮食（万吨）	水果（万吨）	猪牛羊肉（万吨）	水产品（万吨）	蔬菜（万吨）	原木采伐量（万立方米）	竹木采伐量（万根）
2005	27.42	93.33	18.48	715.18	479.36	157.81	602.22	1 346.66	641.01	25 565
2006	26.86	95.99	19.76	701.53	494.97	168.29	602.02	1 356.96	659.44	28 300
2007	26.62	92.27	22.16	702.05	495.68	171.38	609.66	1 374.58	693.0	33 000

资料来源：根据《福建省统计年鉴》（2005—2007 年）整理而成。

从表 3-1 可以明显看出，主要农作物产品产量除粮食、油料、甘蔗减产外，水果产量持续增长，茶叶产量继续保持快速增

① 福建省统计局：《福建经济与社会统计年鉴·农村篇》（2007），福建人民出版社 2007 年版。

② 福建省统计局：《2007 年福建国民经济和社会发展统计公报》，[EB/OL]. http://www.stats.gov.cn。

长，林业生产继续稳步发展，畜牧业生产和水产品生产稳步增加，产业逐步壮大。

2. 农业产业结构调整加快，农林牧渔产值比例巨变

在农林牧渔业产量结构发生变化的同时，农林牧渔业产值比例也发生着巨大的变化。农业、林业、牧业和渔业的产值绝对值都处于不断增加的过程中。其中农业产值在农林牧渔业总产值的比重下降，林业产值所占的比重上升，牧业产值所占比重总体上升，渔业产值所占比重略有下降，农林牧渔服务业产值逐年上升(见表3-2)。

表 3-2　2005—2007 年福建省农林牧渔业产值比例

年份	农业（%）	林业（%）	牧业（%）	渔业（%）	农林牧渔服务业（%）
2005	40.9	6.94	19.8	31.11	1.24
2006	42	7.1	18.7	31	1.3
2007	40.5	7.13	20.1	28.03	4.24

资料来源：福建省统计局：《2007 年福建省统计公报》。

3. 农民收入稳步增长，农民生活逐步改善

改革开放以来，福建农村社会有了很大的变化，农业经济取得了飞跃式的发展，农民生活也得到空前提高。据农村住户小样本调查显示，2006 年福建省农民人均纯收入达4 835元，比上一年增加 385 元，增长 8.6%；扣除价格因素，实际增加 8.3%，增幅同比上升 2.5%。全年农民人均总支出4 918元，同比增加 404 元，增加 8.9%（见表 3-3)。

农民增收的主要特点：一是工资性收入增长。随着乡镇企业

表 3-3　2005—2007 年福建省农民人均纯收入年环比增长率

年份	纯收入（元）	比例（以上年为 100）	农村消费价格指数（%）	环比增长率（%）
2005	4 450.36	108.83	102.8	6.03
2006	4 835	108.64	100.3	8.34
2007	5 467.08	113.07	99.53	13.54

资料来源：福建省统计局：《2007 年福建省统计公报》。

的异军突起和农村生产结构调整的不断深化，农村劳动力转移数量持续增加，转移范围不断扩大，就业行业日趋增多。2006 年农民工资性收入1 856元，增长 12.4%；2007 年农民工资性收入2 099.92元，增长 11.6%。农村非农劳动力占农村劳动力的比重由 1978 年的 4.3%提高到 2007 年的 51.9%。① 二是家庭经营纯收入增长。2006 年农民家庭经营全年人均纯收入2 480元，2007 年增长到2 813.16元。②

4. 农业组织化程度提高

近几年，全省以农业和农村经济结构战略性调整为主线，以体制创新、机制创新、科技创新为动力，坚持市场化运作，按照农工贸、产供销、农科教一体化经营方式，延长农业产业链，促进农业产业升级换代，增强农产品在国内外市场的综合竞争力，提高农村经济整体素质和综合效益。截至 2007 年 12 月，全省拥有各类农业产业化组织龙头企业达 717 家，产值达 861.01 亿元，同比增长 18.1%；带动农户 335.41 万户，同比增长 1.9%；农户从农业产业化经营中得到的收入达 179.33 亿元，同比增长 18.8%；带动基地种植面积 120.16 万公顷，同比增长 13.2%；带动基地牲畜饲养量 482.76 万头，同比增长 10.7%；带动基地家禽养殖量 3.21 亿只，同比增长 16.8%；带动基地水产养殖面积 6.72 万公顷，同比增长 2.8%。③

5. 农业和农村经济市场化进程不断加快

改革开放以来，随着经济的发展，农村市场日趋活跃，农副

---

① 福建省统计局：《农村改革步步推进经济社会全面发展》，［EB/OL］http：//www.stats.gov.cn。

② 福建省统计局：《福建统计年鉴》(2007)，中国统计出版社 2007 年版。福建省统计局：《福建省 2007 年国民经济和社会发展统计公报》，［EB/OL］http：//www.stats.gov.cn。

③ 福建省统计局：《农村改革步步推进经济社会全面发展》，［EB/OL］http：//www.stats.gov.cn。

产品交易规模不断扩大。2007 年全省县以下市场实现消费品零售额 730.45 亿元，比 1978 年增长 48.2 倍，年均增长 13.9%。从市场分布看，农副产品的主要产区、城市以及县城都普遍建立了农副产品交易市场，正在形成区域性市场网络，特别是主产区普遍加强了蔬菜、水果、肉类、禽蛋、奶类、水产品等“菜篮子”产品的批发市场建设。到 2007 年全省农村商品市场已发展到 620 个，年成交额达 244.80 亿元，比 1980 年增长 29.9 倍。[①]

6. 新农村建设投入力度不断加大，农村固定资产投资稳步增长

从 2006 年以来，福建省把加快社会主义新农村建设为各项工作的“重中之重”，从政策出台、规划制定、项目筹划、资金安排等方面切实加大新农村建设的支持力度。据资料显示，2006 年福建省农业财政支持达 43.39 亿元，农村固定资产投资 350.0 亿元，比上年增长 24.6%。2007 年福建省省级支农资金增长较快，仅用于农业基础设施建设、推进农业科技进步、加快农业结构调整等方面就增加了 10 多亿元，农村固定资产投资 458.74 亿元，比上年增长 31.1%。农村固定资产投资加快的主要原因是农民收入增长较快，财政支农力度加大，灾后重建拉动作用较大（见表 3-4）。

表 3-4　2006—2007 年福建省农村固定资产投资情况

年份	全社会固定资产投资（亿元）	农村固定资产投资（亿元）	比上一年增长（%）
2006	3 115.08	349.96	24.6
2007	4 321.74	458.74	31.1

资料来源：福建省统计局：《2007 年福建省统计公报》

① 福建省统计局：《农村改革步步推进经济社会全面发展》，［EB/OL］http：//www.stats.gov.cn。

3.1.2 福建省农村经济发展的主要特征

1. 福建农业资源丰富，农产品加工亟待加强

由于农业科技创新不断推进，农业综合生产能力大幅度提高，福建各种农产品的品种和数量大幅度增加，特别是90年代中期以来，农业生产不仅在数量上有突破而且在质量上有飞跃，主要农产品的供给实现了由长期短缺向总量基本平衡的历史性转变。

近年，粮食生产在耕地减少和种植结构调整的情况下，全省加大农业“五新”推广，大力推广超级稻、旱育秧、再生稻、水稻抛秧、水稻免耕栽培和测土配方施肥等关键增产技术，通过这些高产、优质、节本、增效的实用技术示范和推广应用，有效提高了粮食单产水平。粮食亩产量由1978年的219千克提高到2007年的353千克，增加134千克，增长61.2%，年均增长1.6%。

以市场为导向，全省不断推进重点特色农产品品种结构的调整优化，大力发展比较效益高的名特优新产品，茶叶、食用菌、水果、蔬菜、烟叶等的生产规模持续扩大（表3-5）。

表3-5 福建省茶叶、食用菌、水果、烟叶、蔬菜生产情况

单位：万吨、万公顷

指　标	2007年	2007年比1978年增长（%）	1978—2007年年均增长（%）
茶叶产量	22.39	1 002.0	8.6
食用菌产量	64.61	3 082.6	12.7
水果产量	517.29	5 022.4	14.5
烟叶产量	12.48	789.8	7.8
蔬菜种植面积	63.56	55.98	8.0

资料来源：福建省统计局。

2007年全省茶叶总产量达22.39万吨，居全国第一，安溪铁观音、武夷岩茶、茉莉花茶等品种享誉海内外，食用菌罐头、柑橘、香菇等出口金额居全国第一。名特优新农产品产量的大量增加，提高了全省农业生产的经济效益，极大地满足了市场的需求。在福建这样的“农业资源大省”，深化农产品资源转化，发展加工业，对于提高农产品附加值，延长农业产业链、增加农民收入、建设新农村具有极其重要的现实意义。近年来福建省农产品加工虽然逐步发展，形成了“闽烟”、“闽茶”、“闽果”等一批具有福建特色的优势行业和骨干企业。但是，从依托资源的禀赋条件，以及满足农民增收、财政增税、工业增效的迫切要求来看，福建省农副产品深加工“散、小、弱”的现状一直不尽如人意，与发达省份相比，仍有不小的差距，与农林资源大省的身份，极不相称。这突出表现在：

(1) 农产品加工业发展总体水平不高。2006 年福建省农业总产值 896.17 亿元，分别是浙江省、广东的 94.2%、56.8%，也只比江西省的农业总产值多了 13 个百分点左右。

(2) 龙头企业规模不够强大，带动能力弱。龙头企业是“千家万户”农民与广阔大市场相联结的桥梁和纽带，龙头企业的规模状况直接影响乃至决定着农户走向市场的广度和深度。多数龙头企业没有摆脱“小、散、低、弱”状态，经营规模小，经济实力弱，辐射面狭窄，带动能力不强，缺乏抵御市场风险和自然风险的能力。有的地方龙头企业重复建设，农产品区域布局不合理，基地生产缺乏规模，资源优势发挥不够。有的地区由于信息滞后，或没有结合自身实际，在确立主导产业中存在趋同性，缺乏特色，不能发挥农业结构调整中的主导作用。福建省普遍缺乏实力强、辐射面广的农产品加工企业，2007 年，全省市级以上农业产业化龙头企业 717 家，产值 861.01 亿元。① 而在 2003 年，江苏就有规模企业为7 461个，销售收入为3 994.6亿元；山东为

① 福建省统计局：《福建农业产业化经营现状及发展对策》，[EB/OL] http://www.stats.gov.cn。

5 901个，销售收入为4 255.5亿元。[①]

（3）产业发展的层次较低，科技含量不高。目前福建省农业产业化龙头企业生产加工占了绝大部分比重，而市场开拓不足，投入集中在生产加工环节。从生产加工内部来看，由于注重短期效益，简单的产品分拣、包装等占了较大比重，农产品的深加工和产业链条延伸不足，主要表现在产品粗加工多，精加工少；初级产品多，深加工产品少；中低档产品多，高档产品及高附加值产品少。以经济作物为例，福建省水果、茶叶、食用菌等产品不仅打进国内市场，产销量位居全国前茅，在国内市场占有率比较高，而且已成为出口创汇的大宗产品，但因为加工、保鲜、贮藏和营销环节滞后，直接影响经济效益的提高，它的真正优势还未充分发挥出来。福建省农产品在国际国内市场的占有率低，品牌效应和产品知名度不高，2006 年市级以上 733 家龙头企业中通过 HACCP（危害分析和关键控制点）认证的企业只有 142 家，获得绿色食品标志的企业只有 239 家。[②]

2. 福建农村人力资源丰富，人力资本不足

知识经济时代，社会发展的推动力量已经不只是土地、劳动力的数量和资本存量的增加，更多地表现在人的知识、能力和技术水平的提高。因此，仅仅数量意义上的人力资源的概念已经不能反映问题实质，人力资源要通过教育转化为人力资本，即人力资源在数量基础上提高质量才能真正成为社会经济发展的主要资源和根本动力。

2007 年福建省乡村人口 1 837 万人，占全省总人口的 51.3%。2007 年末，在城镇单位 450.48 万从业人员中，使用农村劳动力高达 184.77 万人，占 41.0%。在当年全省城镇单位

① 方明：《全面建设小康社会进程中安徽高等农业教育发展战略研究》，http://210.34.85.158/kns50/classical。

② 福建省统计局：《福建农业产业化经营现状及发展对策》，[EB/OL]http://www.stats.gov.cn。

117.50 万新招收从业人员中，有 72.61 万人是从农村招收的，占 61.8%，比重比 1978 年提高了 20.4 个百分点。全省农村从事非农产业的农村劳动力从 1978 年的 20.17 万人增加到 2007 年的 694.85 万人，增长 34.4 倍。非农产业的农村劳动力占乡村实有劳动力的比重从 1978 年的 2.8%发展到 2003 年的 51.2%，增长近 48.4 个百分点。[①]

随着“科教兴省”战略的实施，各级政府对教育的投入逐年增加，基础教育和成人教育大力发展，高等教育普及程度不断提高，福建人口的文化素质大幅提升。2007 年，全省常住人口中不同受教育程度人口占 6 岁以上人口的比重，大专以上为 5.1%、高中 12.9%、初中 33.4%，分别比 1982 年提高了 4.4、6.1、18.5 个百分点；而受教育程度较低的小学人口 2007 年占 37.7%，比 1982 年下降 5.4 个百分点。从每 10 万人拥有各种受教育程度的人口看，2007 年大专以上为4 808人、高中12 044人、初中31 276人，分别比 1982 年增加了4 200人、6 329人、18 676人；小学为35 330人，减少了1 000人。[②] 据福建省农村住户抽样调查，在全省农村劳动力中，文盲、半文盲占 4.7%，小学文化程度占 31.0%，初中占 49.9%，高中与中专占 13.7%，大专以上文化程度只占 0.7%。文化程度不高，以初中以下为主体，占了 85.6%，[③] 可见，福建省虽然人力资源丰富，但素质较低，且结构失衡，呈“金字塔形”的人力资源分布，影响了农业新技术的推广应用和劳动生产率的提高，难以适应现代产业结构升级和新兴产业发展对劳动力的需求，农村劳动力的结构性失业问题日

① 福建省统计局：《福建省人口总量协调发展》，[EB/OL] http://www.stats.gov.cn。

② 福建省统计局：《就业队伍不断壮大就业质量稳步提高》，[EB/OL]http://www.stats.gov.cn。

③ 黄跃东：《福建省十一五农村劳动力转移问题研究》，《农村发展研究》，2005 年第 4 期。

益突出。

3. 福建农民的收入有所增长，但农民仍不富裕

“十五”期间，福建城镇居民收入增长与经济增长趋于同步。2000—2006 年城镇居民人均可支配收入从7 432元增至 2006 的12 321元，5 年增长 65.8%，年均增长 10.6%，同期 GDP 年均增长 10.8%，与经济增长趋于同步。而农村居民收入落后于经济增长。2000—2006 年农民人均纯收入增长率比较低，均低于同期 GDP 增长率。2000—2005 年，农民人均纯收入从3 230元增至4 450元，增加1 220元，人均纯收入年均增长 6.6%，只有同期 GDP 年均增长率 10.8%的 61.1%，明显落后于经济增长。据调查，2003 年，福建全省城镇居民人均可支配收入为9 999.54元，比 1978 年增长 26 倍，年递增 14.1%；农民人均纯收入为3 733.93元，比 1978 年增长 26.1 倍，年平均增长 14.1%。[①] 而到 2007 年，福建省农民人均纯收入5 467.08元，以工资性收入和家庭经营性收入为主（见图 3－2），扣除价格因素，实际增长7.3%；城镇居民人均可支配收入15 505元，扣除价格因素，实际增长 10.1%。

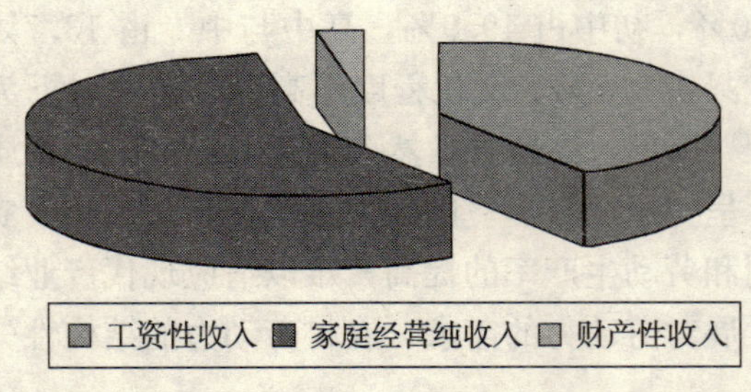

图 3－2　2007 年农民人均纯收入主要构成情况

通过上面的数据比对，我们发现：福建省农民收入的增速最近几年慢于城镇居民收入的增长，城乡收入差距呈扩大趋势。

① 龚守栋主编：《福建改革开放 25 年》，福建人民出版社 2004 年版，第 79 页。

“九五”初期，福建省城乡居民收入的差距（城镇居民人均可支配收入与农民人均纯收入比）为2.24∶1，到“九五”末期扩大到2.30∶1，到“十五”末期的2005年，城乡收入差距扩大到2.77∶1，而“十一五”开局的2006年，城乡收入差距扩大到2.85∶1，2007年城镇居民人均可支配收入与农民人均纯收入比是2.84∶1。以上仅为名义上的差距，由于城镇居民享受了各种福利和补贴，加上此因素，实际的城乡差距应为5～6倍。[①]

4. 福建农村经济有所发展，但与国民经济的发展不协调

改革开放30年来，福建省农村经济快速发展，农业产业结构进一步优化。与此同时，全省的GDP（扣除价格因素）年均递增12.9%，第一产业增加值占GDP比重逐年下降。据《福建省2007年国民经济和社会发展统计公报》数据显示，2007年全省第一产业增加值1 038.38亿元，增长4.0%；第二产业增加值4 508.02亿元，增长18.6%；第三产业增加值3 613.74亿元，增长13.8%。第一产业有所调减，第二产业保持稳定，第三产业发展加快。三次产业比例由2006年的11.8∶49.1∶39.1调整为11.3∶49.2∶39.5，农业的发展速度落后于国民经济的发展速度。[②]

由于农民收入低，消费不足，农村消费市场持续不振，内需市场缺乏拉动力。2006年全省实现社会消费品零售总额2 704.23亿元，比上年增长15.3%，扣除物价因素，实际增长14.7%。分城乡看，城市消费品零售额1 743.20亿元，增长17.6%；县及县以下消费品零售额961.03亿元，增长11.2%；2007年全省实现社会消费品零售总额3 187.85亿元，比上年增长17.9%，扣除物价因素，实际增长13%。分城乡看，城市消费品零售额2 102.46亿元，增长20.6%；县及县以下消费品零售额1 085.40

① 根据福建省统计局历年国民经济与社会发展统计公报计算而得。

② 福建省统计局：《2007年福建国民经济和社会发展统计公报》，[EB/OL] http：//www.stats.gov.cn。

亿元，增长 12.9%；占全省人口 51.3%的农村人口，消费品零售额只占 34%，而占总人口 48.7%的城镇人口，消费品零售额占据 66%。[①]

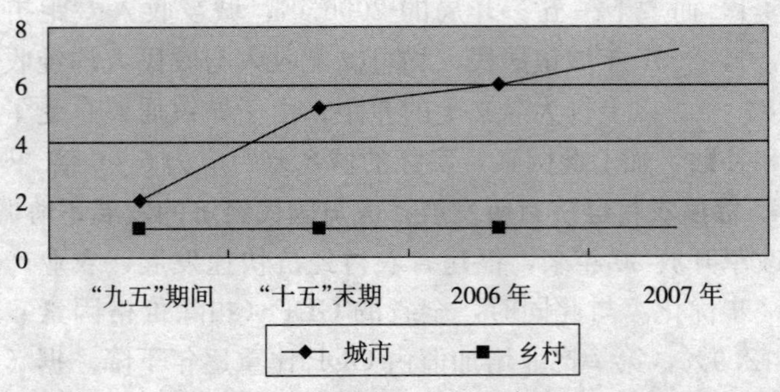

图 3-3 福建省城乡恩格尔系数对比

由于农村基础设施落后，农民购买力低下，严重制约了消费需求，农民生活质量较低。反映在恩格尔系数（即居民家庭食品消费支出占家庭消费总支出的比重）上，“九五”期间，福建省城镇居民与农村居民的恩格尔系数差距大部分时间保持在 1 个百分点左右；到了“十五”末，两者的差距逐步拉大到 5.2 个百分点；到了“十一五”开始，2006 年农村居民家庭恩格尔系数为 45.3%，城镇居民家庭恩格尔系数为 39.3%，二者的差距是 6 个百分点；2007 年农村居民家庭恩格尔系数为 46.1%，城镇居民家庭恩格尔系数为 38.9%，两者的差距是 7.2 个百分点，这说明乡村和城市之间的差距还在继续扩大（图 3-3）。

5. 城乡分隔的二元结构政策，造成城乡发展机遇不平等

二元经济结构政策的一个集中表现是国家从农村汲取资金，尽管不同时期汲取的方式和程度有所不同，但城乡资金流动长期

① 福建省统计局：《2007 年福建国民经济和社会发展统计公报》，[EB/OL] http：//www.stats.gov.cn。

趋势是向城市倾斜。我国长期实行计划经济和优先发展重工业战略，客观要求对农副产品实行统购统销以形成工农产品价格“剪刀差”，从农村抽取大量资金优先发展重工业。在迈向市场经济的过程中，又通过财政、税收、信贷、农副产品收购等方面的倾斜政策，来保证城市和工业的发展。在工业化过程中，由于对农村、农业、农民和城市、工业、市民实行不同的政策，使资金、资源、技术、知识的配置持续地向城市、工业、市民倾斜，而二元经济结构政策没有根据工业化发展阶段的转变来修订城乡关系政策，造成了严重后果。福建省作为一个农业省份，在使用城乡分割的二元政策中，农业、农村经济和农民受到严重的冲击。尽管近年来中央加大了财政转移支付的力度，但一些山区县及县以下财政困难、负债运转的状况并没有得到根本改观。

2001—2003 年，福建省一般预算支持“三农”支出依次为 69.92 亿元、75.32 亿元和 96.46 亿元，年均增长 16.4%，高于一般预算支出年均增长水平 4.7 个百分点。2004 年省级财政用于“三农”的投入达 113 亿元，同比增长 55.3%；2005 年 150.4 亿元，同比增长 32.9%。[①] 但投入的总量与经济发达省份相比仍显不足，距新农村建设的财政需求相去甚远。

由于长期实行的城乡隔离、城乡分治政策，最突出的结构偏差是城市化进程滞后，70%的人口还居住在农村，二分之一的社会劳动力和近 80%的农村劳动力在从事农业，农民数量大，就业机会少，也是整个国民经济社会发展最大的难题。由于历史和体制的原因，我国城乡之间在经济社会分配和城市空间等诸多方面的发展都受到二元结构的制约。可以说不改革二元经济结构政策，我们不可能解决好“三农”问题。不冲破它的束缚，将严重制约我国新一轮经济的发展。

---

① 福建省统计局：《福建省农村统计年鉴》（2006），福建人民出版社 2007 年版。

6. 县域经济规模小、功能弱，集聚效应和辐射作用有限

厦门、福州、泉州三地市地方财政收入合计占全省的70%左右，其他六地市约占30%。山区县市发展后劲不足，财政增长乏力。特别是地处偏远山区、资源贫乏、交通不便的地区，主要靠农业来维持温饱。工业基础薄弱，商品经济不发达，如遇天灾抢救不及时，就陷入贫困的境地。2005年，全省人均GDP超过2万元的县市有6个，其中县级市（不含市辖区）占5个，而县只有1个（惠安县）；全省人均GDP低于1万元的县市有20个，县级市只有1个（建瓯市），而县达到了19个。全省58个县（市）中有大约40个县（占全省县市总数的70.1%）需要省级财政给予转移支付补助才能维持基本的公共服务保障。①

近几年来，福建省县域经济取得较大成就，在全省经济发展中扮演着日益重要的角色，但县域人口包袱重，基础设施差，区位优势不明显，产业结构不合理，资金投入不足等多种原因，困扰福建县域经济实力的提高。截至2005年底，县乡两级政府债务已占福建全省1/2左右。近年来，中央财政对国债转贷、中央专项借款、国际金融组织和外国政府贷款等欠款通过上下级财政结算强制扣款，使债务偿还成为财政的现实压力。在中央和地方的关系方面，中央项目的多头下达形成了地方财政的多种配套，这对于那些财政状况紧张的基层政府来说，无疑是雪上加霜。

从目前来看，农业比重偏大，农业产业化程度不高，参与市场竞争能力较弱；工业比重较小，工业经济实力不强，产业结构不优；企业规模普遍较小，骨干企业少，产业层次低，产品结构单一，科技含量不高，缺乏市场竞争力；民营经济发展不快，整体素质不强。因此，小城镇建设相对滞后，转移农业人员困难加大，小城镇建设步伐有所减缓，影响了城镇功能的发挥。

---

① 福建省统计局：《福建农业年鉴》，福建人民出版社2005年版。

3.2　福建省农民收入调查

3.2.1　近五年福建省农民收入调查分析

2002年以来，我国全面推进小康社会建设，建设社会主义新农村，农村居民增收与小康建设有机结合，特别是2004年以来，中央连续出台了减免农业税费、粮食直补、农机补贴、加大农业基础设施投入力度等一系列鼓励和扶持农业生产、增加农民收入的政策。福建省紧紧抓住发展农村经济的大好机会，加大对农业的投入，加快推进新农村建设步伐，农民种粮的信心和热情高涨，农民收入增速有所回升（表3-6）。

表3-6　近五年农民人均家庭经营纯收入情况

单位：元

年份	2003	2004	2005	2006	2007
家庭经营纯收入	2 019.50	2 206.91	2 365.02	2 481.62	2 813.16
种植业收入	829.76	977.44	1 050.63	1 093.04	1 232.47
林业收入	73.43	76.29	89.35	120.75	149.63
牧业收入	225.01	253.71	274.17	264.41	322.38
渔业收入	122.29	129.52	141.55	143.00	156.94
工业收入	122.11	86.73	82.55	62.70	66.93
建筑业收入	147.69	147.98	147.14	153.62	175.78
交通、运输和邮电业收入	147.98	156.04	173.05	190.59	215.09
批发和零售贸易、餐饮业收入	169.65	189.27	225.51	242.58	272.77
社会服务业收入	84.48	88.82	87.61	111.04	114.40
文教卫生业收入	25.45	22.83	13.69	16.27	17.71
其他家庭经营收入	71.66	78.28	79.78	83.36	89.05

资料来源：福建省统计局。

从上表分析，可以得出近五年来福建省农民收入的主要特征如下：

1. 农民收入持续上升

从近五年农民收入的各项数据来看，全省农民纯收入稳步增长，扣除物价因素后实际年均增长速度为6.6%。其中，工业收入、文教卫生业收入有所下降，其余行业收入持续增长，总体处于持续上升趋势。

2. 农民家庭经营收入日趋多样化

近年来，中央到省出台了一系列强农惠农政策，加大良种补贴、粮食补贴、农资综合补贴、农机购置补贴、农民技术员补贴等政策扶持力度，重点加大对粮食生产的扶持力度。同时，减免了农业税，大大降低了农民负担。这一系列惠农支农政策减少了农民农业生产成本，增加了家庭经营收入。2007年全省农民家庭经营人均纯收入2 813.16元，占农民人均纯收入的51.5%，比1980年增长41.1倍。第一产业人均纯收入1 861.43元，占农民人均纯收入的34.0%，其中：农业收入1 232.47元，林业收入149.64元，牧业收入322.38元，渔业收入156.94元。2007年全省农民家庭第二产业经营人均纯收入242.71元，占农民人均纯收入的4.43%，其中，工业收入66.93元，建筑业收入175.78元。2007年全省农民家庭第三产业经营人均纯收入709.02元，占农民人均纯收入的13.0%，其中，交通、运输和邮电业收入215.09元，批发和零售贸易、餐饮业收入272.77元，社会服务业收入114.40元，文教卫生业收入17.71元，其他家庭经营收入89.05元。①

3. 农民增收渠道不断拓宽

乡镇企业的迅速发展壮大以及大量的劳动力外出务工为农民提供了更多的收入来源，农民工资性收入得到快速增长。此外，利息股息等财产性收入和社会保险业的收入等非生产性收入也逐步成为农民收入的来源之一。农民收入来源渠道得到有效拓宽，确保了收入的稳定增长。

---

① 福建省统计局：《改革开放30年福建农民生活水平明显提高》，[EB/OL] http://www.stats.gov.cn。

（1）工资性收入比重稳步提高。省委、省政府关于大力发展县域经济，繁荣发展制造业、服务业和民营经济的决策部署，抓住海峡西岸经济区建设的机遇，坚持农村经济发展与扩大就业并举，实现了农村经济增长与扩大就业的良性互动。县域经济的快速发展为农村劳动力创造了大量的就业机会，带动农民在本省地域内的劳动收入实现较快增长。2007 年，全省农村劳动者工资性收入 2099.92 元，比 1980 年增长 24.67 倍，占农民人均纯收入的 38.4%，其中，在非企业组织中劳动得到的收入 337.32 元，在本乡地域内劳动得到的收入1 203.98元，常住人口外出从业得到的收入 558.62 元，表明工资性收入已成为农民纯收入主要来源（见表 3-7）。

表 3-7　近五年来福建省农村劳动者工资性收入情况

单位：元

项目＼年份	2003	2004	2005	2006	2007
工资性收入	1 350.25	1 488.47	1 650.65	1 855.53	2 099.92
在非企业组织中劳动得到的收入	279.8	286.88	288.37	305.68	337.32
在本地企业中劳动得到的收入	432.64	809.92	930.1	1 056.87	1 203.98
常住人口外出从业得到的收入	318.01	391.67	432.18	492.98	558.62

资料来源：福建省统计局。

（2）非生产性收入成为农民收入重要补充。近 5 年来，随着改革开放的不断深入，以按劳分配为主体，多种分配形式为补充的分配格局已经形成，如由资本带来的利息、股息收入与房屋等带来的租金收入等财产性收入，政府救济、救灾，社保部门的保险赔款、养老保险金以及个人与社会捐赠等形成的转移性收入不断增加，并逐步成为农村居民收入的重要组成部分之一，彻底改变了农民收入渠道单一的状况，农村居民收入来源渠道得到有效拓宽，确保了收入的稳定增长。2007 年农民人均非生产性纯收入 554.00 元，比 1980 年增长 22.96 倍；比上年增加 56.39 元，增长 11.3%。其中，财产性纯收入 146.92 元，增长 29.4%；转移性纯收入 407.08 元，增长 6.0%。①

4. 农民现金收入比重不断提升

近 5 年以来，随着社会主义市场经济的不断发展，市场化领域不断扩大，农村商品经济在广度和深度上不断拓展和提高，农村居民的商品生产和商品交换活动日益增加，收入形态逐渐货币化。农民收入中自产自用的实物性收入的比例不断下降，而通过市场出售农产品实现的现金收入、工资性收入等其他货币性收入不断增加，比例不断上升。2007 年全省农村居民人均出售农产品现金收入达 2 157.37 元，占农产品总收入的比重提高到 74.4%，提高了 48.0 个百分点。2007 年全省农村居民人均现金收入达到 4 918.57 元，比 1980 年增长 81.9 倍。这标志着农村居民生产已走出传统的自给自足的圈子，步入了市场经济的轨道。

3.2.2 影响福建省农民增收的因素分析

农民收入的变动受到多种因素影响，既有微观的又有宏观的因素，既有自然的又有社会的因素。2007—2008 年，笔者和助手对福建省福州市、宁德市、漳州市、泉州市、龙岩市、莆田市、南平市、三明市 7 市 40 多个县，近百个乡镇 100 多个村庄进行抽样调查，而后对回收的有效问卷进行分析，发现福建省农民收入增长缓慢的主要原因有以下几个方面：

1. 农民科技文化水平偏低，难以接受先进农业技术

在笔者所做调查的有效问卷中，小学文化程度的占 30%，初中文化程度的占 50%，文盲占 4%。受教育水平低导致农民采用和掌握新技术及进行农业结构调整的能力较差。同时，由于实行土地承包经营，农民的生产规模普遍较小，多数农民对采用先进的农业科技态度比较冷漠，不重视采用优良种苗，不知道农业

① 福建省统计局：《改革开放 30 年福建农民生活水平明显提高》，［EB/OL］http://www.stats.gov.cn。

措施对有害生物的控制作用。调查中，多数农民反映对采用优良种苗不重视，有20%的农户用的种苗都是自产的，对科技部门推广的新技术接受和掌握较慢。

2. 农业产业化程度低

如上所述，福建省目前的农业产业化程度并不高。一些地方仍局限于传统的以生产环节为主的农业观，种养结构单一，种植基地零星分散，形不成规模。多数农民仍进行单家独户的小生产经营，各自承担着市场风险，没能与大市场、大流通有机对接起来，无法在加工运销等后续环节受益。

3. 劳务收入很难有大幅度的增长，农村劳动力转移困难

当前福建省人均耕地面积锐减，农村剩余劳力激增，农业劳动力就业困难，农业劳动生产率低下，农民单靠农业难以保持收入增长，农村富余劳动力向第二产业、第三产业转移，是提高农民收入的最根本途径。然而，相对于庞大的仅能从事简单劳动的农村剩余劳动力而言，大中城市为他们提供的就业机会有限。福建省目前滞留在农村的剩余劳动力绝大部分是初中及初中以下文化程度且年龄偏大者，有一技之长或经过正规专业培训的不到10%。这不仅给外出农民找工作带来一定的难度，这些劳动力即使找到了工作也难以得到较高的报酬。同时，多数城市在农民工进城方面设置了诸多限制，农民进城打工的权益得不到有效保障，拖欠农民工工资现象依然存在。不少城市在对待外来农民工方面采取一些不合理的限制或者歧视性措施，包括设置直接的限制就业政策、收取各种不合理的费用等，农民工缺乏社会保障，农民工子女在城市就学存在制度障碍。长期以来的等级性户籍制度是所有不平等待遇的集中表现。这使得大部分农民工无法支付在城市打工、定居的成本，只好返回农村。近年来乡镇企业受制于通货紧缩、市场需求不旺等宏观因素的影响，又面临着产业结构调整的形势，吸纳农村劳动力的能力大大减弱。以乡镇企业为主的农村第二产业、第三产业发展滞缓，吸纳农村劳动力的数量也明显下降。农村劳动力无法转移，农民收入增长缓慢。

4. 城乡二元经济体制性障碍依然存在

长期以来，中国城镇化采取了城镇内部繁殖策略，城乡之间形成两种截然不同的社会经济发展模式。大多数城镇经济中心地位的形成得益于行政力量，农村地区由于没能得到国家政策的平等对待而逐步衰退。城乡二元经济结构不仅使大量的人口滞留在农村而减缓了城市化进程，而且使占人口绝大多数的农民因得不到国家政策的保障而长期处于贫困的状态。目前，福建省农民因病致贫、因天灾人祸致贫、因年迈体弱致贫、因子女上学致贫的现象比较突出，本质上是由社会保障制度的二元结构造成的。不仅如此，目前城乡差距还有日趋扩大的趋势，城乡之间在经济分配上的对立越来越尖锐。城乡差别的拉大，使农村地区的生存和发展条件相对恶劣，农民增收难上加难。解决“三农”问题，关键是调整国民收入分配格局，而由于收入差距的不断扩大，国民收入分配格局很难调整。当前，“农民苦”主要体现为农民收入增长缓慢，经济负担过重，城乡居民收入差距悬殊，广大农民不能与城市居民一样享受日益丰富的现代文明生活。

5. 城市建设用地损害了农民的土地收益

一些地方政府借城镇化之机大量征地，损害农民的土地权益。一些地方政府公开提出要把土地作为政府的第二财源，通过土地批租筹集建设资金，甚至提出“以地生财、以地兴镇”的口号，以发展城镇化为名大肆圈地，通过大量攫取土地增值收益完成资本原始积累。据调查，有些县级地方财政收入的20%～30%来自于土地出让收益，有些乡镇政府预算外收入的80%来源于土地出让收益。另外，多数农民缺少投资渠道，不善于理财，原本不多的征地款、拆迁费多用于消费。在调研中，不少失地农民对今后的增收前景表示迷茫。

6. 农产品价格低、农业生产成本高仍是农民实现增收的障碍

调查结果显示，虽然农产品价格有了一定上涨，但仍有

66%的农户认为农产品价格过低。农产品价格偏低，但农业生产资料价格普遍上涨，结果是农业生产经济效益低，成为阻碍农民收入增加的主要因素。

农业生产资料是搞好农业生产的物质基础，农业生产资料价格的较快增长，在一定程度上影响了农民的种粮积极性和农业生产的持续快速发展，并且成为当前制约农民增收的重要因素。2005—2008 年农业生产资料价格均有较大幅度上涨。据统计，2005 年农业生产资料价格上涨 8.11%，高出农产品 4.12 个百分点；2007 年农业生产资料价格上涨 10.3%，比上年提高 9.4 个百分点，高于农民人均纯收入增长的 7.3%。农业生产资料价格连续大幅度上涨，致使农业生产成本提高，影响了农民收入的增长。调查显示，70%的农民认为工业反哺农业最主要和最可行的措施就是降低农药、化肥、饲料、农业机械等生产资料的价格。同时，农资假冒伪劣产品多，虚假信息多，坑农现象时有发生。由于农业技术推广体系不完善，产、运、销环节脱节，农民很难得到准确的种植信息、购销信息。

7. 资金不足困扰着农民家庭收入的增加

调查中，认为发展家庭经营的障碍主要是缺资金的农户占 34%。当前，农村信贷对农业生产的支持力度减弱。问卷结果显示，70%的农民不打算贷款，打算贷款的占 16%，正在办和已办的仅占 14%。亲戚朋友之间的私人借贷仍是农村资金融通的主要渠道，以农村信用社为主体的正规金融机构仍然难以满足农民的信贷需求。福建省农村融资存在的问题，一方面是国有商业银行纷纷撤并县以下机构，农业银行业务单一、功能狭窄，农村信用社体制存在严重缺陷，没有发挥农村金融主力军作用，所有这些导致金融服务乏力，农业和农村资金投入少，非农化严重；另一方面是农业资金外流严重，加剧了农村资金供求矛盾。农村邮政储蓄只存不贷，成为农村资金流失的主渠道；商业银行吸收的农村资金通过系统内上存，转移到了城市或经济发达地区；农村信用社将吸收的农村存款存放商业银行或上缴央行，形成大额资金分流。三是民间借贷抬头。在农户资金需求得不到满足的情况下，民间高利贷在近期显著回升，间接加大农民负担。

3.3 农业和农村经济发展对农民教育的需求分析

教育与经济之间关系的联结点是劳动力再生产。教育的基本功能是生产人的劳动能力。教育是劳动力再生产的重要手段，是社会再生产正常进行的必要条件，是扩大再生产的前提条件。

现代社会中，教育是经济增长的主要动力之一，经济的发展需要创新，而创新必须以知识和技术为基础。知识和技能的掌握，主要是靠教育。教育虽然不能增加劳动力的数量，却能提高劳动力的质量，以满足技术创新的需要。二战后，日本经济的迅速增长，究其原因在于日本政府注重对人力资本的投资。

邓小平在《科技是第一生产力》中认为“从长远看，要注意教育和科学技术……我们要千方百计，在别的方面忍耐一些，甚至于牺牲一些速度，把教育问题解决好。”胡锦涛同志在党的“十七大”报告中指出，教育是民族振兴的基石，要优先发展教育，把我国建设成为人力资源强国。实践也证明了，教育对我国经济的增长产生了积极的促进作用。教育投资产生的外溢作用显著推动着经济增长，教育投资水平越高，对经济增长的促进作用就越大。因此，要提高综合国力，就必须重视对国民的教育，使之成为一项基本的国策。

教育对经济增长的贡献主要是通过育人这一途径实现的。因为一个国家的经济发展主要受制于生产力的发展水平，而生产力中最活跃的因素就是人。一个国家所培养的劳动力素质的高低，直接影响着该国的生产力发展水平和经济发展的程度。因此，教育的基本经济功能之一主要体现在对参与社会经济活动的劳动者素质的培养上。

教育对劳动者素质的培养是多方面的，这些素质有的直接影响经济的发展，例如现代生产所需要的各种知识和技能；有的则间接影响经济的发展，例如道德品质、文化素养和政治觉悟等，这些素质都是现代化生产所必需的。从某种角度来说，现代生产必须依附于教育的发展。

3.3.1　教育对经济增长作用的研究

现代人力资本理论形成于20世纪60年代。人力资本问题研究被区分为两个不同的研究体系：一个是以雅各布·明塞（Jacob·Mincer）和加里·贝克尔（GaryS·Becker）为代表的人力资本收入分配论，这一理论是把人力资本作为决定（劳动）收入分配或工资结构来研究，这种思路称为“人力资本理论的微观分析思路”。另一个是以西奥多·舒尔茨（Theodore·W·Schultz）为代表的人力资本经济增长论，它是从人力资本作为经济增长的决定因素这一角度来研究的，这种思路是基于宏观分析的，称之为“人力资本理论的宏观分析思路”。20世纪80年代以来，以罗默、卢卡斯为代表，将人力资本作为内生的经济发展要素提出了新经济增长理论，开创了人力资本研究的新局面。

我国学者从20世纪80年代就开始研究教育与经济增长的关系。目前国内在微观方面对农民收入与人力资本投资的实证研究已有不少，在这方面具有代表性的研究成果有：钱雪亚、张小蒂（2000）通过研究表明，农村人力资本积累的个人收益以迁移收益为主，教育投入的直接收益率偏低；周逸先、崔玉平（2001）对全国12个省的农村受教育、就业与收入情况的问卷调查结果显示，总体上受教育程度与收入呈正相关关系，随着受教育程度的增加，家庭收入会增加，但增加的幅度有限甚至还出现微弱倒挂的现象；白菊红、袁飞（2003）研究的结论是，初、高中文化水平农村劳动力的劳均收入高于平均收入水平，文盲半文盲和小学文化水平农村劳动力的劳均收入低于平均收入水平；劳动力受教育水平越高，劳均收入的抗干扰力和抗波动力越强。

多数研究表明，人力资本对经济增长的贡献率为正，这在一定程度上检验和证实了人力资本理论假说。沈利生、朱运法(1999)，张帆（2000）等的研究认为人力资本投资的收益率高于物质资本。王德文（2003）研究了教育对我国经济增长的作用，认为教育对经济增长、就业、科技创新和社会进步有着显著作用。叶茂林等（2003）对我国1981—2000年间教育对经济增长的贡献率进行了估计，认为教育对经济增长的贡献率高达31.17%（见表3-8)。

表3-8 教育对经济增长的贡献研究成果

研究者	研究时段	教育对国民收入的贡献（%)
王玉昆	1964—1982	24.9
王玉昆	1982—1990	26.7
李建尉	1964—1982	24.6
易宗喜等	1952—1982	10.25
曲桢森	1952—1978	20.7
叶茂林等	1981—2000	31.17
胡永远	1952—1977	8.7
周英章等	1952—1998	0.976
崔玉平	1982—1990	8.84
邱雅	1982—1990	12.68
邱雅	1990—2000	8.63

发展现代农业，也就是发展高产、优质、高效、生态、安全农业，是社会主义市场经济的必然要求。发展高产、优质、高效、生态、安全农业，从传统农业向现代农业转变成为实现新的战略目标的重要举措之一。然而我国传统农业科技含量低，农民生产经营靠的是常年积累的经验。所以，需要对农民进行教育。

蔡立雄等通过对近三十年来中国农村经济增长的实证研究发现：中国农村经济的发展缺乏规模经济效益，具有比较明显的发展中经济的特征。劳动力和资本投入是农村经济增长的主要物质性要素，土地对收入增长的约束力比较弱，而且农村经济越是发展，对物质性要素的依赖作用越弱，对教育、市场的依赖性越强，工资性收入的增长和教育水平的提高已成为促进农村经济发展的主要力量；农村居民收入差距的根源在于各地区经济增长方式的不同，高收入区都是市场经济发达、人力资本投资水平高的地区，市场化因素、教育对收入水平影响显著。[①] 罗良针等选取了1985—2001年间江西农民人均纯收入实际值和预测值为研究数据来研究农民教育对农业经济的影响，经计算分析，得出结论：教育与提高农产品价格、价格补贴等措施相比具有长期性、可持续性；理论研究说明，教育能够提高农民素质、促进农村富余劳动力转移、增加农民收入。在罗良针的文章中，以福建省作为江西农民收入的参照物，经过计算分析证明，福建省教育对农民增收的直接贡献达20.37%，教育对农民增收的间接贡献（劳动力转移中因教育年限的增加而引起的那部分）为14.78%，总贡献为25.25%。[②] 可以说，农民教育是通过农民间接地对农业生产做出贡献，又通过农业劳动生产率的提高促进农业经济的增长，通过农业经济的增长促进GDP的增长，通过GDP的增长促进经济和社会的发展。

3.3.2　福建省农村劳动力素质分析

所谓素质，就是指人们在改造自然和改造社会过程中所具有的较为稳定的、内在的、基本的品质，其内容包含“先天素质”、“可能素质”和“现实素质”等。所谓“现实素质”，是指人在后天通过环境影响和教育训练所获得的稳定的、长期发挥作用的基

① 蔡立雄、何炼成：《中国农村经济增长与各地区收入差距的源泉分解》，福建论坛（人文社科版），2007年第9期，24页。

② 罗良针、张莹：《教育对农民增收的作用分析——以江西省为例》，南昌大学学报，2004年第9期，第144～151页。

本品质结构，包括人的思想、知识、身体、心理品质等，它是先天素质在外界环境和教育的作用下，通过内化后成为主体的一种稳定的现实品质。

马克思主义认为，劳动者是生产中首要的能动要素，劳动者的素质状况，特别是科学文化素质状况，直接决定和影响着生产力的发展水平和发展速度。当今社会，竞争日益激烈，可以肯定，谁拥有掌握先进思想和技术水平的人才和高素质的劳动者，在现代竞争中谁就将最具竞争力。产品竞争力、市场竞争力、科技竞争力，归根到底是人才竞争力，只有人才竞争力才是核心竞争力。

根据福建省统计局发布的《福建省第二次全国农业普查主要数据公报（第五号）》统计数据显示，2006 年末，农村劳动力资源总量为 1 403.18 万人。其中，男劳动力 715.82 万人，占 51.0%；女劳动力 687.36 万人，占 49.0%（图 3－4）。

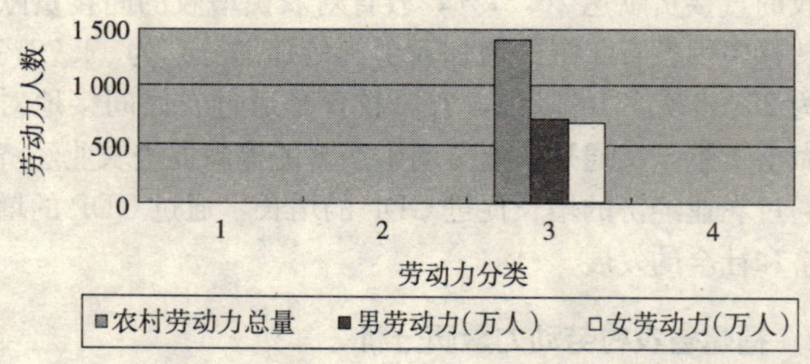

图 3－4　福建省农村劳动力构成

农村劳动力资源中，文盲 76.70 万人，占 5.5%；小学文化程度 513.49 万人，占 36.6%；初中文化程度 630.28 万人，占 44.9%；高中文化程度 158.85 万人，占 11.3%；大专及以上文化程度 23.86 万人，占 1.7%（图 3－5）。

福建省农村从业人员1 220.63万人，占农村劳动力资源总量的 87.0%。其中，在第一产业就业的占 47.1%；在第二产业就业的占 28.9%；在第三产业就业的占 24.0%（图 3－6）。

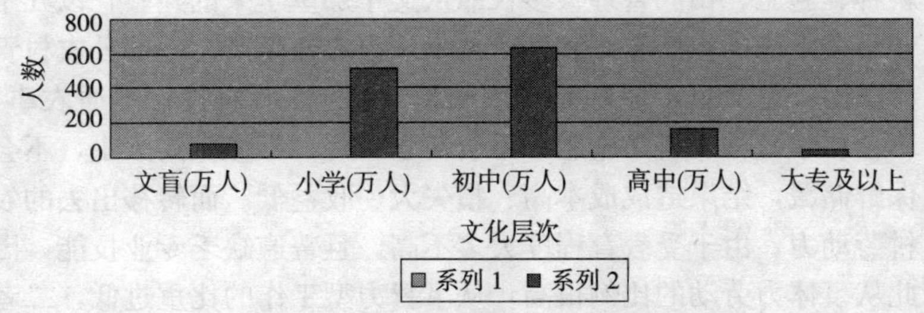

图3-5　福建省农村劳动力资源文化素质构成

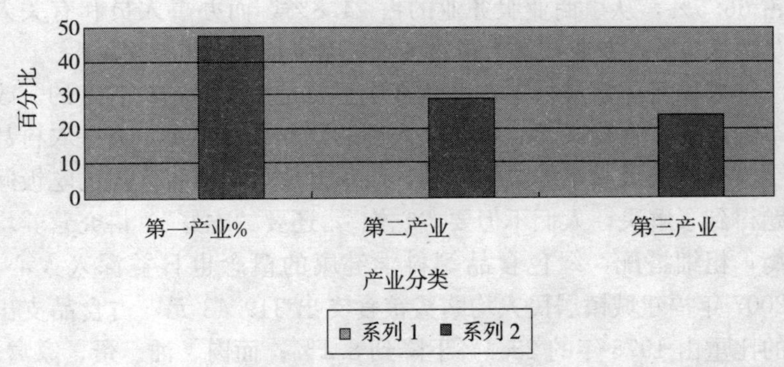

图3-6　福建省农村从业人员的产业分布比例

截至2008年2月，据福建省统计局的资料显示，福建省农民工平均受教育年限为9年，福建农村经济活动人口受教育年限为7.1年，低于福建省城镇经济活动人口受教育年限(9.5年)，更低于发达国家农业劳动力的受教育年限(12年)。[①]农民受教育少，素质低，已成为严重制约农业和农村经济发展、农民增收的主要因素。

福建农村劳动者的科技文化素质较低。初中及以下教育程度的农民工占80.4%，高中及以上教育程度的仅占19.6%。许多农民即使有小学、初中文化程度，也没有受过专门的技术培训，

① 福建省统计局:《福建农民工就业与保障问题研究》，[EB/OL] http://www.stats-fj.gov.cn。

耕种、施肥、田间管理大多仅靠从父辈那里学来的经验，以几千年沿袭下来的生产方式和生产技术从事农业生产。一部分农村青年虽然不是文盲，但却是“农盲”，他们不懂农技，不通农事，不会科学育种、科学施肥，不会科学管理，不懂生物灭虫，不会保鲜储藏，结果造成成本高、损失大、收益低。而转移出去的农村劳动力，由于受教育程度大多不高，且普遍缺乏专业技能，因此从事体力劳动的比例很高，从事智力型工作的比重过低，二者比例为 13∶1。在农民工就业的岗位中，从事生产运输设备业的占 66.5%，从事商业服务业的占 24.8%，而办事人员和有关人员占 3.9%，专业技术人员占 4%，单位负责人占 0.7%。[①]

农民身体素质低下。身体素质主要是由营养结构决定的。改革开放前，食物匮乏、单调，人们的营养严重不足，有些农村甚至没有解决最基本的温饱问题。改革开放后，全省人民的吃饭问题得到了解决，人们不但要“吃饱”，还要“吃好”，讲究营养均衡，粗细搭配，绿色食品等科学健康的概念也日益深入人心。2007 年福建城镇居民人均购买粮食支出 349.43 元，占食品支出的比重由 1978 年的 28.4%下降到 8.1%；而肉、油、蛋、家禽、奶、鲜菜、水果等副食品消费比重从 1978 年的 59.1%上升到 2007 年的 65.5%。农民人均消费油脂类食物 5.64 千克，比 1983 年增长 1.54 倍；肉禽类食物 25.92 千克，增长 1.58 倍；蛋类 3.39 千克，增长 2.11 倍；水产品 14.18 千克，增长 2.46 倍。仔细比较城乡居民的饮食消费会发现消费水平差距拉大。2007 年城镇居民和农村居民恩格尔系数分别为 38.9% 和 46.1%，相差 7.2 个百分点，差距比 2003 年又扩大了 4.2 个百分点。[②] 城镇居民比农村居民更讲究食品的营养、多样，而农村

① 福建省统计局：《福建农民工就业与保障问题研究》，［EB/OL］http：//www.stats-fj.gov.cn。

② 福建省统计局：《福建经济发展协调性研究》，［EB/OL］http：//www.stats-fj.gov.cn。

居民对加工食品的需求明显偏低，以自产的粮食、肉类、蔬菜为主。这主要是由于农民的经济条件造成的。再加上医疗卫生条件和自然条件的城乡差别，使得一些农村地方病和传染病发病率较高，孕妇和婴幼儿的死亡率也比较高。

农民的心理素质和思想素质低下。主要表现为许多农民缺乏拼搏、冒险精神，对事物的发展趋势缺乏理性的分析，心理承受能力较低。如在农业生产中，喜欢“一哄而上”、“人云亦云”、“一哄而下”，结果造成“卖难买难”的现象出现。同时，由于封建文化的影响，再加上农业生产力水平比较落后，一些农民尤其是偏僻山区的农民仍然没有摆脱小生产者的习惯与心理，构成了对经济和社会发展的严重障碍。另外，在市场经济的冲击下，有的农民没有充分的心理准备和知识准备，从而无所适从，心理失衡；还有的农民鄙视农业生产劳动；受封建残余思想和市场经济利益法则的双重影响，许多农民表现出因循守旧、不思进取、小富即安的“小农意识”。在有些农村，外来宗教意识和内地迷信活动广为传播，有的地方赌博、六合彩活动猖獗，成为福建农村不稳定的因素。

3.3.3　福建省农村实用人才资源抽样调查分析

近年来，福建省委、省政府高度重视“三农”工作，先后组织实施了“六大员”培训、新型农民科技培训等工程，推动了福建省农村实用人才的培养教育工作。但由于历史和现实的原因，福建省的农村实用人才还存在着一些问题，如福建省农民整体素质较低，农村实用人才的数量严重不足等。这些已经成为制约农业结构调整、农民增收的瓶颈，影响了福建省社会主义新农村建设进程。

福建省 9 个市，67 个县区，934 个乡镇，14 630个行政村，有农业生产经营户 423.07 万户，在农业生产经营户中，以农业收入为主的户占 49.3%，比 10 年前减少 9.4 个百分点。全省共有农业生产经营单位5.71万个。[①]

到2006年末，福建省农业从业人员613.87万人，农业实用人才9.24万人，占全省乡村人口总数的0.5%，占全省乡村劳动力总数的1.5%。从行业分类统计来看，在农业生产经营单位中从业的有6.62万人。[②] 生产能手、经营能手、能工巧匠比例为48.2∶37.2∶14.6。从农村实用人才总体上看，从事种养业的多，从事农副产品精深加工及流通的少；外向型、开拓型经营管理人才短缺，有一技之长的人才多；复合型人才少，创业型人才严重缺乏，与农村产业结构调整的趋势不相适应。

表3-9 农业生产经营户和农业生产经营单位数量及构成

	农业生产经营户		农业生产经营单位	
	数量（万户）	比重（%）	数量（万户）	比重（%）
合计	423.07	100.0	5.71	100.0
其中：				
农作物种植业	362.18	85.6	0.82	14.3
林业	21.50	5.1	1.65	28.8
畜牧业	19.70	4.7	0.42	7.3
渔业	17.53	4.1	1.03	18.1
农林牧渔服务业	2.17	0.5	1.80	31.5

而福建省农村实用人才文化程度也不高，大多数为初中或初中以下文化水平，中专以上仅占3.6%。从专业职称来看，高级职称有0.3万人，占3.24%；中级职称有1.45万人，占15.69%；初级职称有7.5万人，占81.17%。[③]

① 福建省统计局:《福建经济发展协调性研究》,[EB/OL]http://www.stats-fj.gov.cn。

② 福建省统计局:《福建经济发展协调性研究》,[EB/OL]http://www.stats-fj.gov.cn。

③ 福建省统计局:《福建经济发展协调性研究》,[EB/OL]http://www.stats-fj.gov.cn。

农村实用人才的男女比例失衡，女性仅占3.6%，与现阶段农村人口、农业从业人员女性化的趋势不相适应。从年龄分布上看，农村实用人才年龄大多在45岁左右，应变能力不强，知识容易老化。①

随着劳务经济的逐渐发展及不断拉大的城乡差别，尤其是外出务工与纯务农的收入对比差距加大，导致农村青壮年劳动力外出务工者越来越多。到2006年末，福建省农村外出从业劳动力高达399.48万人，而且是年纪轻，学历高，绝大多数有一技之长的农村实用人才。这样就造成了本来人数不多的农村实用人才大量外流，留在农村的大多是儿童、妇女和老人。

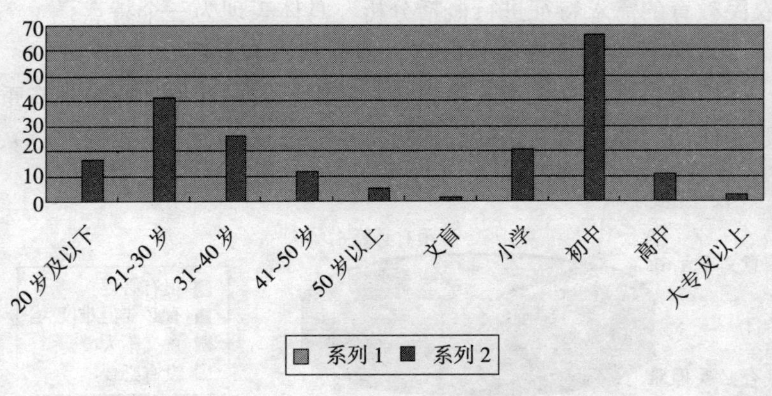

图3-7　农村外出务工人员年龄及文化程度

无论是从福建省农村实用人才的总量、学历、职称，还是从农村实用人才的行业、年龄分布等方面与我国发达省市相比，都存在着较大差距。浙江省的农业从业人员有509.66万人，农业技术人员有19.24万人，其中高级农业技术人员0.22万人，中级职称有2.88万人，初级农业技术人员有16.14万人。北京市

① 福建省统计局：《福建经济发展协调性研究》，［EB/OL］http://www.stats-fj.gov.cn。

有农业从业人员65.66万人，有农业技术人员0.89万人；上海市有农业从业人员58.55万人，有农业技术人员0.4万人，并且两市的高、中级农业技术人员的比例更高。[①]

3.3.4 福建省农民教育的需求分析

为了全面了解农民的教育培训需求，总结农民教育培训的成功经验，更多、更快、更好地培养造就新型农民，推进社会主义新农村建设，笔者对9个市、44个县、150个乡镇、500户农民进行了访谈和问卷调查，具体了解农民对教育培训内容、时间、方式和方法等方面的要求和期望。通过全省农户的随机调查，对农民教育的需求特征进行概括分析，具体表现为三个特点：

1. 农民教育潜在需求旺盛，但现状不容乐观

广大农民群众认为农民教育对建设新农村和增加收入都有重要的作用，要求参加培训的积极性十分高涨（图3-8、图3-9）。

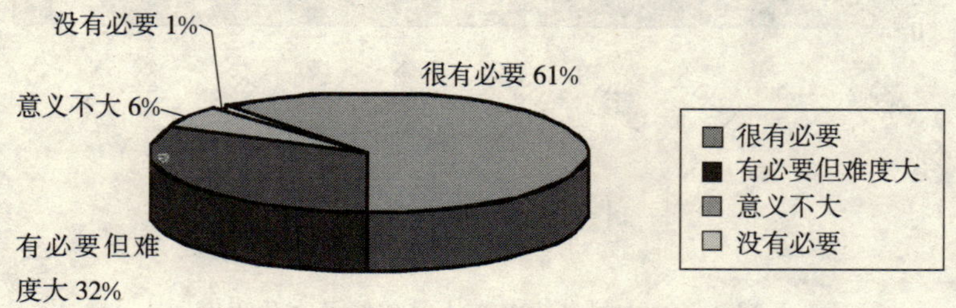

图3-8 农民教育培训的意义的调查

由图3-8、图3-9的对比分析发现：61%的农民认为建设新农村，农民教育很有必要；95%的农民认为农民教育培训对增加农民收入有作用。广大农民迫切要求参加培训来增加收入，改变自己的家庭状况和家乡的面貌。不论从宏观层次社会发展，还是从微观上农民自身要求来看，农民对职业教育的发展产生强大

① 福建省统计局：《福建经济发展协调性研究》，［EB/OL］http：//www.stats-fj.gov.cn。

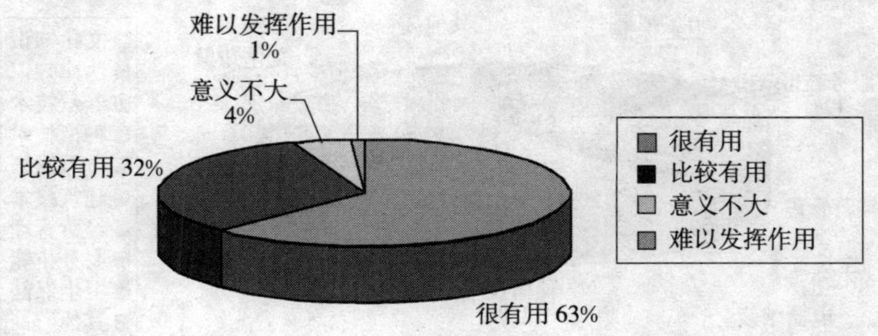

图 3-9　农民教育培训对增加农民收入的认识的调查

的推动力，为教育开拓了广阔的市场。但从实际来看，由于种种因素和环境的制约，当前巨大的潜力远远没有得到有效的开发，现有农民职业教育体系没有真正探寻到构建起教育供给与需求之间的桥梁。农民到底需要什么教育，政府、社会给农民提供什么样的教育，对此往往没有经过科学的调查研究，充满着较大的随意性。

2. 农民教育需求呈现结构性变化的趋势

（1）农民教育需求总体朝多元化、多样化发展。这与农村结构多元化和农村社会逐步分化相联系，农民职业教育需求表现出显著的多元化和层次性特征，在总体需求上不仅涵盖一、二、三产业，而且涉及管理、经营、生态等各个方面。

调查显示，从农民最希望接受的培训内容来看，传统种养业实用生产技术依然受农民青睐。在种植业中，选择粮食生产知识占 79.4%，蔬菜生产知识占 43.4%，水果种植、特种经济作物、棚室、苗木花卉生产的教育培训需求也有相当数量。在养殖业中，选择科学养猪达到 67.4%，以后按选择百分比高低顺序为：养鸡、养牛、养羊、养鸭、水产养殖，特种养殖正在不断发展。在非农领域中，教育培训需求相对集中的是机械类和农产品加工，其他为运输业、建筑业、农产品储藏业、电器维修等(图 3-10)。

从图 3-10 分析可知，当前农民教育培训最需要的内容方

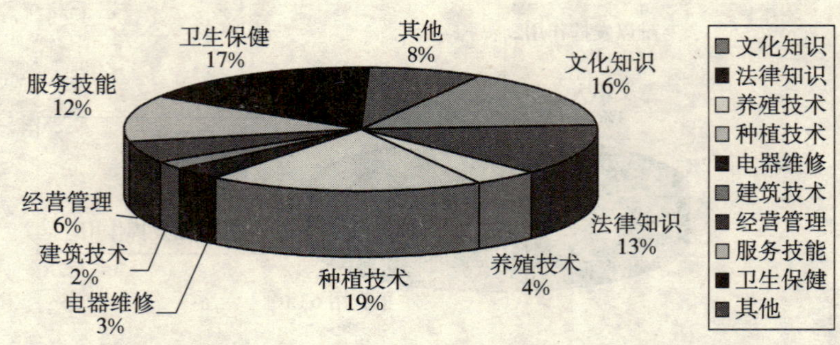

图 3-10　农民教育培训的需求调查

面，所占比例在10%以上的项目依次有文化知识、法律知识、种植技术、服务技能和卫生保健，所占比例达到77%，而这些都是有助于提高农民生产水平和生活水平的重要方面；在电器维修等与农民生活息息相关的项目上，农民也希望有所提高。

（2）农民教育需求具有明显的层次性特征。既有针对一般层次、一般水平的教育需求，也出现对较高层次的技术、专业知识的需求。农民对职业教育兴趣呈现非农类高于农业类特点，越来越多的农民对二、三产业表现浓厚的兴趣。

（3）农民教育需求具有明显的内部选择性特征。农民更加关注低投入高效益的技术，这是农民对农业类职业教育的特征，这也是农民风险意识强化的反映。从农业产业结构来看，对养殖业、特种经济类作物栽培等生产技术有较快水平增长，反映出农民对教育培训需求的选择性。

3. 农民教育需求与供给之间不对等

首先是不同层次之间存在不协调性。国家宏观经济社会发展、农村社会经济发展与农民教育发展之间存在不协调、不对等。其次是农民教育需求与现实供给之间存在很多不对等性，一方面是迫切强大的需求，另一方面却是教育供给上的不足。供给与需求之间在内容、形式、方法上也存在着不协调、不对等。在内容上，多集中在农业技术推广；在时间上，多集中在产中指导，而产前、产后较少涉及；在布局上，教育资源多集中在大城市和县城；在组织安排上，按照城市作息制度安排时间，与生产季节不够关联，等等（图 3-11）。

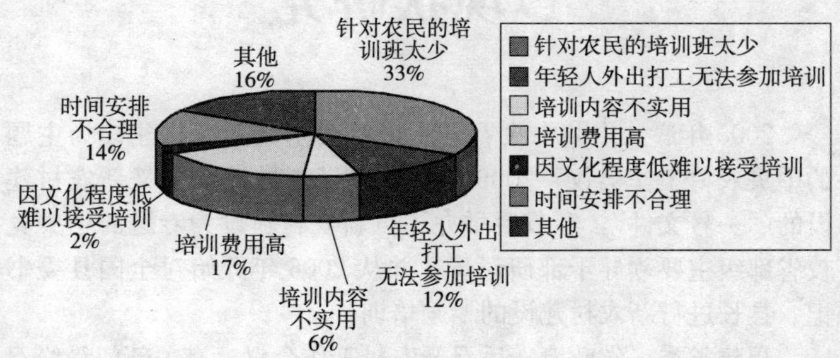

图 3-11　农民教育培训工作的不足调查

3.4　本章小结

农民教育与农村经济社会发展有着直接、紧密的联系。在现代化生产条件下，这种联系越来越紧密，逐渐出现了相互融合的趋势。农民教育的发展不仅直接、间接地推动着农村经济社会发展，同时，它的发展也受到一定历史阶段的农村经济社会发展水平的制约。两方面协调发展，就会促进农民教育与农村经济良性循环，相互推进。如果两方面失调，则会相互阻碍，延缓发展。因此，深入地探讨农民教育与农村经济社会发展之间的相关性，进而探讨农民教育与农村经济社会之间协调发展的规律，是十分必要的。

第四章　福建省农民教育现状研究

2005年底，中共中央召开了以社会主义新农村建设为主题的中央农村工作会议，2006年初发出了指导社会主义新农村建设的“一号文件”，春节后举办了以新农村建设为专题的中央党校省部级主要领导干部研讨班，并从2006年开始对全国县委书记、县长进行新农村建设的专题培训。

福建省委、省政府随后召开农村工作会议，有关部门纷纷召开专题会议，传达贯彻中央一号文件精神，安排部署新农村建设工作。各市都下发了指导新农村建设的文件。同时，各地也举办了不同层次的新农村建设培训班、研讨班和学习班。通过深入学习和广泛培训，各地区、各部门对新农村建设统一了思想，提高了认识，形成了共识——建设社会主义新农村，必须发展现代农业；发展现代农业，必须着力培育新型农民。因此，两年多来，福建省委、省政府及相关职能部门，围绕着海峡西岸社会主义新农村建设进程中的农民教育工作，出台了一系列的政策和措施，取得了明显的成效，但福建省农民教育与新农村建设的要求相比，还存在许多亟待解决的矛盾和问题。

4.1　福建省农民教育的政策和措施

4.1.1　新农村建设前的政策继续贯彻落实

2004年福建省政府出台了《关于进一步加强农村教育工作的决定》、《关于贯彻国务院批转教育部2003—2007年教育振兴行动计划的实施意见》以及福建省教育厅、发改委、经贸委等11个部门联合发出了《关于进一步加强职业教育工作的若干意见》等一系列政策加强农民教育。

在《关于进一步加强农村教育工作的决定》中，省委、省政府要求：教育、科技、农业、劳动保障、建设、林业、海洋渔业、财政等部门共同配合，每年培训农民60万人次以上，实施农村劳动力转移培训30万人次以上。农村中小学可一校挂两牌，日校办夜校，积极开展农民文化技术教育与培训。职业院校要进一步扩大面向农村招生规模，中职学历教育在校生中农村学生应占60%以上。

在《关于贯彻国务院批转教育部2003－2007年教育振兴行动计划的实施意见》中，福建省计划到2007年，覆盖全省人口50%左右的区域基本实现高水平、高质量普及九年义务教育，高中阶段教育毛入学率达65%，高等教育毛入学率达21%；2010年高中阶段教育毛入学率达70%，高等教育毛入学率达25%。2007年中高等职教在校生达78万人。

《关于进一步加强职业教育工作的若干意见》也明确提出，从2003年起到2007年，福建省将进一步扩大职业教育办学规模，中职教育在校生达53万人以上，高职教育在校生达25万人以上。至2007年，福建省每个设区市要办好1所高职技术学院；各县（市、区）重点办好1所中职学校，经济较发达县（市、区）建好1所省级以上重点中职学校；全省建成10所示范性职业技术学院，50所国家级重点中职技术学校（其中技工学校10所）、70所省级重点中职技术学校（其中技工学校10所）。在紧缺人才专业领域培养各类毕业生5万人，组织各类劳动者培训600万人次，农村劳动力转移培训120万人次，下岗失业人员培训18万人次，短期技能培训15万人次。

《关于进一步加强职业教育工作的若干意见》还指出，各地要使中职教育与普高教育的比例保持大体相当，高职教育招生规模应占高等教育一半以上。中职学校暂不再升格为高职技术学院或并入高等学校，高等职业技术学院暂不再升格为本科院校。同时，鼓励和支持职业院校建立农村劳动力转移培训基地或农民技术员培训基地，组织实施“绿色证书培训工程”、“农村劳动力转移培训阳光工程”等。

这些有关农民教育的政策在新农村建设过程中都继续得到较好的贯彻和落实，保证了农民教育政策的连续性和权威性，极大地促进了福建省农民教育工作的发展。

4.1.2 农民教育的新政策法规不断出台

在2006年、2007年、2008年福建省政府工作报告中，福建省政府反复强调新农村建设中的农民教育工作：“培养有文化、懂技术、会经营的新型农民，提高农村劳动力整体素质。加快建设现代农业，稳定粮食生产，推进农业产业化经营，提高农业综合生产能力[①]”；“实施农村实用人才、农民职业技能等培训计划，加快培养新型农民。发挥农村能人的示范带动作用，支持创办农民专业合作组织。创新农村工作机制，健全科技特派员、专家服务团、下派村干部、农村‘六大员’等制度，提高服务质量。继续实施整村推进计划，提高扶贫开发成效。完善“三农服务网”，办好“台湾海峡渔业气象”和“渔民之友”广播节目，加强乡镇‘三农’服务中心和村级综合服务站建设，增强农村社会化服务功能。”[②]；“加强‘六大员’和基层农技推广队伍建设，加快发展乡镇‘三农’服务中心，扶持农民专业合作组织，推进农村信息化，加强农村实用人才培训，健全农村社会化、专业化

① 黄小晶：《2006年福建省政府工作报告》，[EB/OL](2007－07－31)http：//www.fujian.gov.cn。

② 黄小晶：《2007年福建省政府工作报告》，[EB/OL](2007－07－31)http：//www.fujian.gov.cn。

服务体系。”[①]。在此基础上，福建省委、省政府相继出台了《福建省国民经济和社会发展第十一个五年规划纲要》、《海峡西岸社会主义新农村建设五年规划纲要》、《福建省科学技术普及条例》等新农村建设中事关农民教育的文件。

福建省各个相关部门也随之制订和公布了海峡西岸新农村建设的专业规划，其中一个重要的部分就是加强农民教育。如福建省农业厅的《福建省农业“十一五”发展规划》中就着重谈到“农业科技示范工程”、“农业科技入户工程”和“新型农民教育培训工程”，这三项工程都与农民教育密切相关。再如福建省教育厅《福建省“十一五”教育发展专项规划》中重点实施“技能型人才培养工程”、“职业教育服务社会主义新农村建设工程”、“职业培训与促进就业工程”，以保证农民教育的顺利进行。

福建省各地市根据中央和省委、省政府及相关主管部门的法规、规划，结合本地农业发展、教育形势、科技水平等具体情况，编制出了有关新农村建设和农村科教发展的政策法规，细化了农民教育的实施方案。

总之，福建省委、福建省人民政府、各地市和基层政府以及有关部门都充分认识到农民教育对海峡西岸经济区建设的重要作用，认识到农民教育对社会主义新农村建设的重大意义，与农民教育相关的法规纲要的出台，有利于形成海峡西岸农民教育的良好氛围，从政策上保障农民教育扎实有效地深入开展。

4.2　福建省的农民教育资源

在农村经济活动中，有较高科技文化素质的农民起了很大作

① 黄小晶：《2008年福建省政府工作报告》，[EB/OL](2008－01－30)http：//www.fujian.gov.cn。

用，他们在从业观念、就业方向、创新意识、接受新生事物、捕捉信息、驾驭市场等方面的能力，均与较低科技文化素质的人员有着较大差异，从而对农村经济的发展有着特殊的贡献和作用。据《2007年福建统计年鉴》，全省9地市共有乡村人口1 837万人，占全省人口总量的51.3%；乡村劳动力总数1 274.53万人；全省已有518万农村劳动力转移到非农产业，还有756.53万的劳动力从事农、林、牧、渔业生产；现有农村富余劳动力约有350万人以上，其中大部分是山区、贫困地区的劳动力。在农村人口中受过小学教育的占38.9%，受过初中教育的占31.5%，高中以上教育的仅占13.3%，其中接受农业职业技术系统教育的农村劳动力不到5%。农民科技文化素质偏低不仅直接影响了农业生产效率和农民增收，也严重影响了农村劳动力向非农产业和城镇的转移，制约着农村经济和社会的可持续发展。

农民教育在全面建设新农村中具有基础性、先导性、全局性的重要作用。从福建省的情况看，以各级农业技术推广机构、中等农业学校、农业广播电视学校、市级农科所和各类农民专业技术协会为主要力量，形成了网络比较完善、运转比较灵活的农民技术教育培训体系。据福建省统计局统计，到2006年，福建省共有各类农林牧渔专业技术人员27 187人，农民专业组织1 700多个，农产品行业协会1 010个，农民专业合作组织会员总数23万人，带动周边农户43万人。全省共选聘村级农民技术员40 866人（未含厦门市和长乐市），其中，男性占93.22%，女性占6.78%。按行业分类，农业18 984人，占46.45%；畜牧业11 018人，占26.96%；林业4 914人，占12.02%；水产2 468人，占6.04%；水利2 644人，占6.47%；其他838人，占2.15%。从年龄结构看：30岁以下的占11.82%，30～50岁占73.50%，50岁以上的占14.68%。从文化程度看：初中以下文化程度占1.33%，初中及初中以上文化程度的占98.67%，其中初中占59.07%，高中占30.26%，大中专占9.34%；有职称及技术证书的占 17.58%。[①]

4.2.1　农业技术推广机构

农业技术推广活动是指通过试验、示范、培训、指导以及咨询服务等，将种植业、林业、畜牧业、渔业的科研成果和实用技术，以及良种繁育、施用肥料、病虫害防治、栽培和养殖技术，农副产品加工、保鲜、贮运技术，农业机械技术和农用航空技术，农田水利、土壤改良与水土保持技术，农村供水、农村能源利用和农业环境保护技术，农业气象技术以及农业经营管理技术等，普及应用于农业产前、产中、产后全部过程的活动。

农业技术推广机构从中央到乡镇都有完善的网络体系，既承担着农业技术推广任务，又承担着面向千百万农民开展短期技术普及培训的任务。尤其是基层农技推广人员，既是一线农技推广人员，又因懂农业专业技术，也有基层实践经验而成为农民技术教育工作的主要师资来源。到 2006 年底，全省共有农业技术推广机构4 712个，各级农技推广人员17 661人。其中种植业技术机构1 672个，农技推广人员8 945人；乡镇畜牧兽医站1 005个，畜牧技术推广人员2 575人；乡镇农机站1 002个，农机技术推广人员2 536人；乡镇经管站1 033个，经管人员3 605人。[②] 从农技推广人员的学历来看，硕士研究生占 0.11%，大学本科占 7.17%，大专占 27.71%，中专占 36.87%，高中以下的占 28.1%；从职称来看，正高职称占 0.13%，副高职称占 2.77%，中级职称占 23.81%，初级职称占 73.28%。[③]

---

① 赵辉：《福建省村级农民技术员队伍建设现状及建议》，[EB/OL] http://www.fjnb.com.cn。

② 沈亚军：《建设新农村需要一支精干高效的农技队伍》，《福建论坛》，2006 后第 3 期，第 107 页。

③ 福建统计年鉴编写组：《福建省 2006 年统计年鉴》，（农村篇），福建人民出版社 2006 年版，第 1～5 页。

福建省水产技术推广人员为1 172人，现有水产专业中、高级职称的仅有 359 人，占实有人数的 30.6%。[①] 着力推广大黄鱼、鳗鱼、斑点叉尾鱼、大弹涂鱼、石斑鱼、南美白对虾、鲍鱼、海带、紫菜等主导品种，形成产业化规模与效益。加大力度引进和开发新品种，开展了杂交鲍、海参、坛紫菜新品系、海蜇新品种的引进和育苗养殖试验示范，进一步扩大了优良养殖品种的覆盖率。2000 年以来，开展不同层次和不同类型技术培训5 000多期，培训各类渔业专业技术人员和渔民 20 多万人次。各级水产技术推广机构通过发放信息资料和宣传专刊，开设计算机网络服务专栏，建立手机短信平台以及与广播、电视台合作开办专题节目等形式，开展了多方位、多层次的水产技术信息服务。

林业科技推广机构深入开展林业科技入户工程。依托科技特派员、村级农民技术联络员、村级协会等，把先进实用的林业科技送到千家万户。全省培训林业农民技术员7 102人，扶持了 220 个林业科技示范户，开通“96355”林业科技服务热线的县（市、区）达 19 个。

农技推广体系是农业科技转化为现实生产力的桥梁和纽带。广大农民是应用农业技术的主体，农技推广也离不开农民素质的提高。在建设新农村的进程中，不仅要把农业科学技术教给农民，更要用农业科学知识武装农民，因此，各种技术推广机构是农民教育的重要资源。

4.2.2　农林牧渔业高等院校

农业大专院校承担着培养高层次农民、传播高科技农业知识的重任，是社会主义新农村建设的生力军。福建省有福建农林大

① 刘修德：《在全省水产技术推广工作会议上的讲话》，[EB/OL]（2007－5－31）http：//www.fjof.gov.cn。

学、福建农业职业技术学院、福建林业职业技术学院、海洋职业技术学院等。多年来，福建高等农业院校发挥强大的技术信息人才资源优势，及时将科研成果、市场信息提供给农民，引导农民组织生产，并通过校园网、农业网站、新闻媒体、成果推广、科技下乡、科技咨询等向广大农民和农业技术人员传输。新时期，高等农业院校将继续发挥农业特色明显、学科门类齐全、师资力量雄厚、基础设施比较完善的优势，加强农民继续教育和培训，开发农村人力资源，提高农村劳动力的综合素质和就业技能，培养有文化、懂技术、善经营的新型农民，推进农业、农村的新发展。

仅以福建农林大学为例，学校设有 90 个研究机构，23 个国家和省部级重点实验室（工程中心、研究基地）。每年承担国家和省的科研课题 300 多项，“十五”以来共承担科研项目 1 247 项，获得科研经费 2.02 亿元，鉴定 201 项研究成果，自然科学成果获得省部级以上奖励 92 项，其中一等奖 3 项，二等奖 23 项，三等奖 66 项；社会科学成果获得省部级奖励 16 项，其中一等奖 1 项，二等奖 4 项，三等奖 11 项。审定水稻、甘蔗、甘薯、花生、红麻等作物新品种 25 个，其中 6 个通过国家审定。① 2006 年在“海峡西岸春雨行动”中，福建农林大学利用农业人才、科研、技术的优势，积极为海峡西岸新农村建设服务，为农民教育服务；组织由专家、教授组成的新农村建设课题组成员前往福建省农村进行调研活动，就如何进行社会资源的调整与组合，培养新农村建设需要的新型农民为最终目的提出合理化的意见和建议；制定十大项目，通过现场走访、技术指导、科技咨询、讲座等形式，为福建省农民切实解决生产中遇到的困难和问题，给予技术指导和科技扶贫。

福建省高等农业院校除了发挥自身优势，加强对农民的科技管理知识培训外，还将高等教育自学考试、成人高等学历教育推

① 《福建农林大学建校七十年》内部刊印

向农村，为培养高层次的农民贡献力量。2004 年，福建农林大学联合福建省委组织部、福建省自考办、福建省农函大、福建省科协、漳州市委组织部等多家单位，开设“乡村管理”大专班，对基层村干部进行农业科学技术和文化知识的教育培训。2007 年 1 月，“福建省首届村干部乡村管理专业自学考试大专班”的 109 名村官学员顺利毕业，新农村建设中又多了 109 位农民致富的领路人。以《中国教育报》为首的多家国内媒体都对此进行报道，给予了高度评价。

4.2.3 省市农业科学研究院所

多年来，省、市农业科学研究院所在组织开展农业重大科技攻关研究的同时，还利用科研示范基地，组织引导广大科技人员深入经济建设主战场，深入农业生产第一线开展技术开发和技术培训服务。2005 年，全省共有科技活动机构1 059个，从事农业科学研究的机构 137 个，占总数的 12.94%；拥有农业科技人员为2 692人，占总数的 8.63%；农业课题1 953个，占总数的 11.86%，课题经费 1.84 亿元，占总经费的 2.04%。①

在农业科技领域，福建省农业科研院所通过集中力量解决提高农业质量和效益的关键技术问题，大批先进适用技术引入农村，大批优良品种在农业生产中广泛应用，实施星火计划，提高农业标准化、产业化和信息化的水平，促进了农村经济发展和农业生产质量、效益的提高。2005 年，全省开展农作物新品种“百、千、万亩”示范推广活动，选用水稻、甘薯、大豆、马铃薯、花生、蔬菜等 6 类农作物 30 个主导品种，超级稻配套栽培技术等 5 项主推技术，在全省 35 个项目县建立省级百亩以上核心示范区 45 个，核心示范区面积3 300多公顷；组织召开新品种

① 福建省科技厅：《2006 年福建科技发展报告》，[EB/OL]（2007－09－12）http：//www.fjic.gov.cn/。

现场考察、观摩、鉴评会议 50 多场次，参加人员6 000多人次。通过核心示范，辐射带动全省推广农作物优良品种 200 万公顷，早稻优质率达 82%，比上年提高了 3 个百分点；中晚稻优质率达 90%，提高了 2 个百分点；优质、专用“两薯”品种占 75%以上，提高了 5 个百分点。[①]

4.2.4　中等职业学校

构建社会主义和谐社会，做好就业再就业工作，必须大力发展各种形式的职业教育，建设学习型社会，满足人民群众多样化的学习需求，也必须大力发展职业教育。大力发展职业教育是落实科学发展观的必然要求。推进社会主义新农村建设，解决“三农”问题，必须加快农村职业教育发展，积极开展农村劳动力转移培训和农村实用技术培训，大力提高农民的科学文化素质。

2007 年福建省普通中等职业学校 364 所；招生 19.14 万人；在校学生 49.43 万人，比上年 48.67 万人增加 0.76 万人，增长1.56%。中等职业学校教职工 24 342 人；教职工中专任教师18 197人；专任教师中副高级3 251人，占 17.87%；中级7 154人，占 39.31%；初级6 274人，占 34.48%；无职称1 518人，占8.34%（见表 4-1）。[②]

表 4-1　2007 年福建省中等职业学校情况

类别	学校（所）	招生（万人）	在校学生（万人）	职工（人）	副高专任教师（人）	中级专任教师（人）	初级专任教师（人）	无职称专任教师（人）
数量	364	19.14	49.43	6 143	3 251	7 154	6 274	1 518

资料来源：福建省教育厅：《2007 年福建省各级各类教育事业发展概况》。

① 福建统计年鉴编写组：《福建省 2006 年统计年鉴》（农村篇），福建人民出版社 2006 年版，第 1～5 页。

② 福建省教育厅：《2007 年福建省各级各类教育事业发展概况》，[EB/OL]（2008－09－21）http：//www.fjedu.gov.cn。

福建省的中等农业（机）、农业干部学校基础设施完善、教学设备良好、师资力量雄厚、教学经验丰富。多年来，这些学校在开展中等学历教育的同时，通过校外三结合基地对当地农民开展培训，取得了良好的社会经济效益。2006 年中等农业学校毕业4 511人，招生5 279人，在校生人数达到16 711人。中等农业学校从农村招生，毕业生异地就业，这实质上是一种间接的农村富余劳动力转移方式，为农村富余劳动力转移做出了重要贡献。

4.2.5 各种科研学会

各种科研学会都是由各个方面的专家学者组成的民间团体。它们拥有专业的技术和丰富的实践经验，在新农村建设中可以发挥重要的作用。

福建省科学技术协会利用福建省农函大这一培训平台，广泛开展在乡农民实用技术和劳动力转移培训，围绕当地主导产业，根据一乡一业、一村一品、办一班兴一业富一村的办班原则，从当地农民的实际需要出发，坚持办班到村，送技术到家。据统计，2007 年全省农函大举办在乡农民实用技术培训班1 848期(次)，培训农民56 443人。其中，农业种养、加工培训37 670人，非农产业培训16 381人，农村劳动力转移培训18 824人。参加培训的农民中，农村党员、基层干部5 733人，妇女20 328人，老区的农民13 260人、库区移民 1532 人，残疾人 950 人(见表 4－2)。[①]

福建省农学会把福建省农业专家组织起来组成专家团，从事农业政策和农业科学技术（项目）咨询、考察、评估、论证、开发、推广等一系列活动及协助企业进行技术改造、人才培训和产品开发，提高产品附加值，并提供技术、信息、人才和管理等服

① 符卫国:《坚持改革创新推动科学发展不断开创农函大工作新局面——2008年全省农函大工作报告》,[EB/OL](2008－05－13)http://www.fjkx.org/jsp/。

务，为政府和有关部门提供决策咨询、政策建议和项目评估、论证等服务，为发展福建省现代农业、促进社会主义新农村建设和构建和谐海峡西岸经济区服务。同时，学会还办有《福建农业科技》杂志，通过媒体的形式传播农业科技知识，服务农民教育。

表 4-2　2007 年福建省农函大农民教育培训统计

项目	农民实用技术培训	农民种养、加工培训	非农产业培训	农村劳动力转移培训	党员基层干部	妇女	老区农民	库区移民	残疾人	总计
期次/人数	1 848 期次	37 670 人	16 381 人	18 824 人	5 733 人	20 328 人	13 260 人	1 532 人	950 人	56 443 人

4.2.6　电视、广播、电话、网络等现代教育资源

农业技术知识的传播效率由知识源、传播媒介、接受者、信息四个要素决定，提高农业劳动者素质，加强农业生产技术知识普及扩散是提高农业生产效率的重要措施。发达国家应用信息技术指导农业生产，推动技术扩散已经取得了一定的成绩和经验。近年来，按照国家“统筹规划、国家主导、统一标准、联合建设、互联互通、资源共享”的信息化总方针，国家农业主管部门和各级地方政府把信息化纳入农业发展规划，从基础设施的建设到信息源的建设，再到信息服务方式的落实，已经形成了以农业部为中心，连接 31 个省（市、区）农业厅局的信息网络平台，47%的乡镇成立了信息服务站，配备了专兼职信息员 3.8 万人，发展了近 11 万人的农村信息员队伍。全国乡镇农村信息服务站中有计算机并可以上网的有 1.7 万多个，占乡镇总数的 41%①，形成了初具规模的全国农业信息网络。此外，部分省市

---

① 孙鲁威：《农业信息服务为本——全国农业信息工作会议侧记》，《农民日报》，2004—06—08。

区农村信息服务站利用远程教育对农民进行了有针对性的技术培训。

自1999年以来，福建省加快推进“农技电波入户”工程建设，积极探索适合福建省实际的农村科技服务新形式，取得了明显成效。如漳州市以电视、广播和热线电话等途径开播《农友之窗》、《农友之声》、《农友热线》节目，建成了覆盖全市的“漳州农业科技信息超市”，深受广大农民欢迎。宁德市通过互联网建立农村“社会服务联动网”，构筑科技、信息、营销服务平台，把科普宣传、实用技术培训、市场信息等服务，辐射到千家万户。据统计，福建省县、乡农技推广部门参与“969155”农业热线工作的人员已达1 000多人，其中专职人员240多人。

2007年，中国电信福建公司充分发挥自身的特点，积极对接省委、省政府新农村“百村示范”联系点工作，共投入4亿多元，圆满完成“以信息化助建新农村”的项目建设任务，在191个乡（镇）、1 250个建制村新建宽带网，实现全省乡（镇）宽带覆盖率达100%；完成101个村的信息化建设，以点带面推动海峡西岸农村信息化进程；建成海峡西岸新农村公共信息服务平台工程、富农商务信息服务工程、爱农公共信息服务工程、乐农数字文化娱乐工程、便农信息服务广场工程等五个“和谐社会·农村信息化”子项目。

总之，现代教育培训资源为缩短城乡信息鸿沟，提升农村信息化水平和农民教育培训提供了便利的渠道和快捷的方式，它使农民教育的覆盖面更广，农民教育的内容更新，农民教育的反馈更为迅速，全面提升了农业信息服务能力和工作水平。

4.2.7 农民专业合作组织

行业协会是社会中介组织，不具有政府行政管理职能，不能以营利为目的，要坚持为政府服务、为社会服务、为企业服务的宗旨。协会服务质量反映了协会的综合素质和功能性作用，能否给会员提供有效的服务决定了协会在会员中的信誉度，能否为社会提供有价值的服务决定了协会的社会地位。协会的服务内容在一定程度上决定了协会的凝聚力和生命力。

农民专业合作经济组织是在农户家庭经营的基础上，按照合作制的基本原则，由从事农业生产、经营、服务的农民或团体自愿组织起来的，以市场为导向，以增加会员收入为目的，适应农业产业化经营需求，实行劳务、资金、技术、生产、加工、贮藏、供销等方面互助合作，并对会员开展技术培训活动的民办技术经济合作组织。福建省从 1994 年开展农民专业技术协会试点工作，到 2006 年底，全省各地兴办各类民间专业技术协会4 000多个，其中种植业协会就有1 600多个。农民专业合作经济组织根据农民生产和经营的需要，有组织地对会员进行相关技术知识培训，聘请专家教授到村里为农民授课和现场指导，有效地提高了农民的技术操作技能和科学技术水平。这种培训模式是在市场经济体制下农民自主按需受教的发展方向。

4.2.8　农业科技示范园区

科技示范园区和示范基地是科研工作的载体、科技成果转化的孵化器和展示窗口，是科技信息的辐射源和信息源，也是指导农业生产者的样板和培养科技人才的摇篮。农业科技示范园区作为科研成果转化和农科教结合的突破口，可带动科技流、信息流、资金流向农村扩散，激发广大农民学科技、用科技的热情，配合开展农民教育培训工作，提高了农民素质。

近几年，福建省各地建设了一批农业科技示范园区，已成为展示现代农业科技成果、推广农业高新技术，教育培训农民的重要基地。2006 年，全省共有各类农业科技示范园区 400 多个。在全省农业系统的共同努力下，全省共示范推广农作物优质、抗病、专用、高效新品种 40 公顷，带动更换良种 67 万公顷；重点推广新技术 12 项，有 10 项技术建立中心示范区 263 个；建立新肥料核心示范片 31 个，示范面积 208 公顷，辐射带动2 340公顷；建立新农药示范片 20 个，中心示范面积 170 公顷，辐射推广 6.67 亿公顷，新增一批无公害农产品、绿色食品和有机食品。在 11 个县建立机械化插秧试验示范点 22 个，示范面积 236.6 公顷，辐射带动1 020公顷，水稻机插技术实现突破性进展，机耕 43.67 万公顷、机收 8.67 万公顷。水稻收获和栽植机械化技术的推广，为农民增收节支 1.18 亿元。①

福建省根据园区规划，农业培训机构及时提供管理和技术知识，为园区培养各类人才，从而使园区得到了巩固、发展，推动了农村产业化经营和农业现代化的进程；同样，农业科技示范园区不断完善自身功能，指导农民学、做给农民看、带着农民干，凭借着园区高新技术和实用技术及名特优品种对周边地区产生了较强的辐射、带动作用，园区或农业企业的订单契约户，都不同程度接受了种养殖技术、贮藏保鲜技术、生物防治技术、物流配送技术等的培训，依托园区或农业科技企业已经成为提高农民科技文化素质的重要途径。2006 年，福建省农业科技对农业经济的贡献率达到 41%，全年农民收入增加了 10 亿元，成为福建省农民教育和农民增收的一个新亮点。

4.3 近年福建省农民教育的实践

“十五”以来，尤其是近两年来，福建省各级有关部门，认真贯彻落实建设新农村和科教兴农战略，按照省上建立“三个农业带”的总体思路，以农民增收为中心，以农业和农村经济结构

① 福建统计年鉴编写组：《福建省 2007 年统计年鉴》（农村篇），福建人民出版社 2007 年版，第 1～5 页。

战略性调整为主线，以服务“三农”为宗旨，以提高农民科技文化素质，推进农业科技进步为出发点，围绕发展果业和畜牧业两大优势特色产业，面向广大农民群众，开展了一系列农业教育和技术培训活动，取得了显著成效。

4.3.1　“绿色证书”工程

“绿色证书”工程是通过培养千百万农民技术骨干，促进全面提高农民的科学文化素质，广泛地推广应用农业科技成果，依靠科技进步和提高劳动者素质，全面振兴农村经济的系统工程。该教育计划是农业部组织实施的。从 1990 年起在全国组织实施试点工作，1994 年起在全国全面组织实施。

1. 福建省实施“绿色证书”工程概况

全省绿色证书培训范围包括种植、养殖、农机、农村能源、农村经营管理等行业，分产业共设置 50 多个培训岗位，制定了相应的教学计划、教学大纲和岗位规范。在培训方面坚持“实际、实用、实效”和“学用结合”的原则，能较快地将学到的知识与生产实践相结合，使农民能够依靠科技从事农牧渔业生产，利用市场信息从事生产经营活动。参加培训的学员，绝大多数都成为当地种植业、养殖业、加工业的大户和科技致富的典型，并发挥了良好的示范联动作用，促进了“一村一品，一乡一业”格局的形成，有力地推动了当地的产业结构调整，增加了农民收入，取得了经济效益和社会效益的双丰收。

“九五”以来，福建省有近 20 万人参加了“绿色证书”培训，有 13 万人获得“绿色证书”。仅南平市，截至 2005 年全市共颁发“绿色证书”11 563人,其中农作物栽培 2914 人、经济作物4 373人、财会 262 人、经营管理1 193人、畜牧兽医2 821人。①

① 南平市农业局：《农业科技教育》，［EB/OL］（2007－08－04）http：//np. fjagri. gov. cn。

全省每年培训6万人次，到2010年培训30万人次。

“绿色证书”培训工作激发了农民学习科学技术的热情，极大地调动了他们依靠科学技术致富的积极性，取得了显著的社会和经济效益，同时也架起了农业科技工作者与农民群众之间的桥梁，在一定程度上解决了农村科技人员短缺、农民技术水平低的问题。

2. 福建省“绿色证书”工程的特点

绿色证书是我国农民从事生产和经营活动的技术资格证书，绿色证书制度就是指农民培训上岗制度。它有以下几个特点：

一是政府行为突出。在各级政府的领导下，由农业部门具体组织实施，由县级人民政府统一颁发证书，初步形成了“政府统筹，农业牵头，部门配合，社会参与”的运作机制，建立了省、市、县（区、市）三级以农业部门为主的组织管理体系。全省开展绿色证书教育工作的县（市、区）均成立了政府绿色证书制度工作领导小组，在农业行政部门设立了绿色证书工作办公室。各县根据工作需要，建立了规范的管理制度，制定相关的实施方案。有关乡镇领导对此项工作也给予支持和配合，这是这项工作得以顺利开展的关键。

二是培训内容突出知识的系统性和实用性。

三是管理上突出规范性。全省采用统一规范的教学计划、教学大纲和岗位规范，学员学习3～5门课程，教学达到300学时。

四是培训的持续性。学员领到证书后，还要接受继续培训。各级农业部门发挥技术和设备优势，采取理论与实践相结合、培训与农时季节相结合、基础知识与关键技术相结合的培训方法，以村干部、科技示范户、专业户为主要培训对象，开展了切实有效的培训工作。为了使广大农民群众均有机会接受技术培训，各地注意发挥持证学员的作用，让他们以技术指导或科技示范等形式带动周围农民学习和使用科学技术，有力地促进了各类基地的建设和主导产业的形成。各地出现了许多农民技术专业协会，逐步形成了一批专业村，有力地促进了农业产业化的发展。据抽样调查，在一些地区获得绿色证书的学员年收入比没有参加培训的农民平均高出 30%，开展绿色证书工程培训的村比没开展培训的村收入高出 24%。

3. 福建省“绿色证书”工程的政策保障

自 20 世纪 90 年代以来，福建省委、省人民政府及相关厅局、地市都十分重视对农村技术推广人员、村干部以及一些技术性较强岗位的从业农民进行“绿色证书”培训。通过集中办班和实地指导等方式，培养一支农民技术骨干队伍，作为农民学历教育与实用技术培训之间的一个层次。

1996 年《中共福建省委、福建省人民政府关于切实加强农业和农村工作的意见》明确指出：“广泛开展农村职业技术教育和成人教育，继续办好农函大、农广校，开展农民技术员培训，实施‘绿色证书’工程，提高农民科学文化素质”；在《福建省全民科学素质工程 2007 年工作要点》指出福建省教育厅“配合有关部门实施‘农村实用人才培训工程’，积极组织中等职业学校、乡镇成人文化技术学校和其他培训机构开展农村劳动力转移培训、农村实用技术培训、绿色证书培训、新型农民培训等，其中承担农村劳动力转移培训 10 万人次，农村实用技术培训 60 万人次”；2007 年的《福建省全民科学素质工程实施方案》中也强调“结合实施全国农村党员干部现代远程教育、农村党员基层干部适用技术和市场经济知识培训计划、绿色证书工程、星火科技培训专项行动、双学双比、巾帼科技致富工程等，开展针对性强、务实有效、通俗易懂的农业科技培训，多渠道开展农业科技培训。”在福建省的“十·一五”各专项规划纲要中也都把加强“绿色证书”培训作为农民教育重要的模式。

各市、县在组织培训的过程中，结合实际情况，制定出台了配套扶持激励政策，如有些县将获证学员优先聘用为村干部或农业社会化服务体系人员，在新技术新品种推广示范、农民技术职称评定方面也向获证学员倾斜。

4. 福建省“绿色证书”工程的创新

福建省在创新绿色证书培训模式方面做了一些积极探索。各市针对农村农忙、农闲季节性特点，创新“绿色证书”培训形式。

（1）分类指导。面向农民技术员从事种植业生产中的种、加、销大户和科技示范户等不同培训对象，按照不同市、县、乡（镇），不同产业，不同程度，采取形式多样、内容各异的分类培训。

（2）突出重点。服务于产业，立足不同区域经济、科技和教育资源现状，围绕各市、县、乡（镇）优势产业和特色农业开展培训，以产业为依托，以市场为导向，以致富为目标，以地方农业结构调整和产业化经营服务为重点，开展了粮、油、果、茶、菜、菌、大田经济作物栽培及加工技术和病虫害综合防治技术等内容的培训，为各乡（镇）特色产业的发展提供技术支撑。

（3）注重实效。紧密结合产业实际及学员的需求，采取集中理论学习、课堂互动、实践操作、现场培训、自学等形式、以灵活多样、形式各异的技术培训（幻灯片、多媒体授课、画报等形式），使学员达到一看就懂，一学就会，学了能用，用了能致富的效果。以龙岩市“绿色证书”培训为例，上杭县选择在农闲季节分片分期集中组织培训。漳平市按就近、方便、能辐射附近的原则将市区 2 个街道、14 个乡镇分成 5 个片区，利用所在片区的镇政府礼堂举办培训班。连城县分为姑田、北团、朋口、庙前、邻城 5 个片区进行分班轮流培训。永定县所有参训学员统一到县青年影剧院集中培训 2 天，参训学员再到所在乡镇农业站统一集中辅导学习，由县农业局派出 5 个专家组，共 15 人分别到乡镇农业站辅导讲解基本知识要点，并与学员互动开展咨询或解答疑难问题。乡镇农业站负责组织所在乡镇的学员统一集中考试。

4.3.2 “阳光工程”

1. 福建省实施“阳光工程”概况

国家自 2004 年开始实施了农村劳动力转移“阳光工程”培

训，按照“政府统筹、学校主办、部门监管、农民受益”的原则，对农村劳动力开展引导性培训和技能培训，通过培训提高农民自谋职业和自主创业的能力，促进了农村劳动力向城市和非农产业转移。农村劳动力转移“阳光工程”培训投入，是以补贴的形式补助给参加培训的农民，以此补助农民参加职业技能培训应交的学费，简单地说就是“农民培训，政府埋单”。该工程旨在提高农村劳动力的素质和就业技能，促进农村劳动力向非农产业和城镇转移，实现农民稳定就业和增加农民收入，推动城乡经济社会协调发展，加快全面建设小康社会的步伐。

福建省农办、财政厅等相关部门参照有关标准，共同确定了连江等 22 个县（市、区）作为“全国阳光工程示范县”。同时，按照受培训农民转移就业率不低于 80％等要求，认定了 65 个培训学校作为全国阳光工程培训基地。各级财政对农民工培训给予大力扶持，除中央财政下达该省 400 万元，按每人 100 元标准进行补助外，省里还及时出台了配套政策措施，省财政厅调剂了 825 万元作为农村劳动力转移培训经费，其中 240 万元按每人 60 元的标准直接用于补助阳光工程农民非农职业技能培训，各市、县也制定了相关优惠政策，确保了这项工作的完成。

自 2004 年起，福建省每年投入1 200万～2 400万元用于实施农村劳动力转移培训的“阳光工程”。2006 年，全年实施阳光工程培训 7.54 万人，新增转移农村劳动力 44 万人。三年来，全省共完成“阳光工程”培训 17.02 万人，实现就业 16.3 万人，就业率达 95.7％。①

2. 福建省实施“阳光工程”的具体做法

（1）制订并颁布了《2004—2010 年福建省农民工培训规划》。根据《国务院办公厅转发农业部等部门 2003－2010 年全国

① 徐志平：《福建省召开阳光工程暨劳务对接签约会》，[EB/OL]（2007－06－07）http：//www.nmpx.gov.cn/。

农民工培训规划的通知》（国办发［2003］79号）的要求，省政府办公厅转发了省农办等10部门制定的《2004－2010年福建省农民工培训规划》，建立政府统筹、部门协作、行业组织、社会参与的农民工培训工作机制，全面推进农民工培训工作。各示范县认真按照《规划》的要求，也制定了相应的《规划》和《实施方案》，建立了层层的工作目标责任制。如漳州市通过制定《漳州市2004—2010年农村劳动力转移计划与部门分工责任》，进一步强化统筹，明确责任，落实分解任务。龙岩市将2004年定为“农村劳动力职业技能培训年”，实施“万名农民职业资格证书”工程，计划今后每年培训9万人，其中职业资格证书1万人，引导性培训4万人，农业实用技术培训4万人，使全市适龄农民受到知识技能培训，成为具有一定专业技能的新型农民。宁德市2008年计划举办各种类型农民工培训6万人次，其中市本级举办农村劳动力岗前培训、导游培训、应用电子技术培训和机动车维修培训等2 000人次。

（2）抓紧组织实施农村劳动转移培训“阳光工程”。一是成立了组织机构。省委、省政府十分重视农村劳动力转移培训阳光工程工作，成立了主管副省长为组长，省农办牵头，省劳动和社会保障厅、省教育厅、省科技厅、省建设厅、省财政厅、省农业厅、省林业厅、省海洋与渔业局、省妇女联合会等十部门共同参与的“福建省农村劳动力转移培训阳光工程指导小组”，下设办公室挂靠在省农办农科教办公室，负责研究解决农民工培训工作中的重大问题，编制培训计划，落实扶持政策，统筹规划、综合协调农民工培训工作，并负责对各地组织实施阳光工程进行业务指导和监督检查。全省8个地市（除厦门市外）、22个示范县均已成立了农村劳动转移培训阳光工程领导小组及其办公室，由政府的主要领导或分管领导担任组长，办公室设在各级农办农科教结合办公室，具体负责落实阳光工程各项培训任务，并结合本地实际，制定具体的实施计划，确定培训目标和任务，协调各方面力量，出台相关配套政策措施，确保了培训质量和转移就业效果。

（3）出台了农村劳动力转移培训“阳光工程”配套政策措施。建立政府、企业、个人共同投入的多元化投入机制和补偿机制，是搞好农村劳动力转移培训阳光工程的重要保障。根据六部委的部署，2004年福建省承担了全国农村劳动力转移培训阳光工程4万名培训任务，中央财政将按每人100元标准进行补助，并且福建省财政厅从省山海协作劳动力转移培训、省农科教培训经费、扶贫科技培训等项目中调剂了825万元作为农村劳动力转移培训经费，其中400万元作为全国阳光工程配套资金。2005年开始省财政把阳光工程配套经费列入财政预算之中，各设区市和示范县（市、区）政府也先后制定了各项优惠政策，有力地促进了农村劳动力转移培训阳光工程的顺利实施。如泉州市委农办、市财政局、市劳动和社会保障局联合制订《泉州市农村劳动力转移就业补助资金管理暂行办法》（泉委农办［2004］38号）。该《办法》规定，泉州市农村劳动力转移就业补助资金由市、县（市、区）两级共同筹集，市财政每年从年初预算中安排专项资金作为全市农村劳动力转移就业资金补助。该项资金主要用于市、县（市、区）两级农村劳动力转移就业培训补助、就业介绍补贴和转移就业资金奖励。

（4）开展了农村劳动力转移就业培训统计监测及档案建设工作。这项工作对实现劳动力资源与市场的有效对接，扩大务工者与用工单位的知情权，加强政府对农村劳动力转移与就业工作的宏观指导和微观管理具有十分重要的意义。福建省下发了《关于开展农村劳动力转移就业培训工作调研的通知》等一系列文件，对全省“城镇对农民工的需求（就业岗位）和农村劳动力转移就业意向情况；农村劳动力基本素质及职业技能培训情况；农村劳动力转移就业的途径、方式以及从事的主要行业；当前农村劳动力转移就业及培训工作存在的主要问题及对策措施；农村劳动力转移就业及培训的主要做法和政策措施”等方面的专题，有针对性地组织开展调查和统计工作。要求各设区市和阳光工程示范县（市、区）要填写好一系列调查表，并撰写出优质的调研报告。同时要求各级阳光工程办公室做好当地农村劳动力资源、培训、转移就业情况建档工作，把建档工作作为农村劳动力转移的一项长期性的重要基础性工作来抓，做到专人负责，及时建档，为促进农村劳动力的有序转移打下良好的基础。

（5）加大了对农村劳动力转移培训“阳光工程”的宣传力度。为使福建省广大农民尽快了解党中央、国务院和省委、省政府制定的加快农村劳动力转移与培训扶持政策，福建省通过福建日报、海峡都市报、福建科技报、福建电视台、福建广播电台等新闻媒体，对农村劳动力转移培训的优惠政策和各地动态进行了广泛的报道，努力营造全社会共同关心农民工的良好氛围。龙岩市拍摄的《农民闯天下》电视专题节目播出后，在闽西大地反响强烈，该专题片还被农业部、广电部列入“神龙奖”的评选节目。

4.3.3 福建省“跨世纪青年农民”培训工程（新型农民培训）

为了贯彻落实科教兴国战略，进一步提高青年农民科技文化素质，培养一大批适应21世纪农业和农村经济发展需要的青年农民，农业部、财政部和团中央决定从1999年起，启动跨世纪青年农民科技培训工程（简称“青年农民培训工程”）。这项工程分两个阶段实施，1999－2000年为试点阶段，2001－2005年为全面实施阶段。“青年农民培训工程”计划培训农村青年农民500万，每个村培训7～8人，基本达到每个村民小组培训1名青年农民。

根据上级文件精神，福建省农业厅、财政厅、团省委、省妇联采取了印发《福建省关于开展跨世纪青年农民科技培训工程试点工作实施意见》，成立专门负责的办公部门；由福建省农业广播电视学校具体负责实施青年农民的教育培训工作，划拨专项培训费用等一系列措施，保障青年农民教育的顺利开展。

2000 年福建省参加“跨世纪青年农民培训工程”试点的 6 个县市接受培训的青年农民达 1.9 万人。2002 年，全省有“跨世纪青年农民培训工程”试点县达到 18 个。据统计，18 个县已培训青年农民28 052人，目前试点县顺利通过省级验收。2003 年，新增 2 个部级“跨世纪青年农民科技培训工程”试点县和实施县，平均每个设区市有 2～3 个实施县，其中山区县数多于沿海地区。“九五”以来，有 20 多万农民参加了“跨世纪青年农民培训工程”，为福建省农村培养一大批农村致富带头人，有效地促进了新农村建设。①

2000—2003 年，国家财政累计拨给福建省用于培训青年农民、旨在提高农村劳动力科技文化素质的专项经费近 400 万元，省财政也为此项工程的实施配套数百万资金，加上实施县（市）财政配套和相关单位、部门自筹资金，总经费达 2000 万元。②

4.3.4　福建省妇女教育培训

目前在我国针对女性的教育培训，主要有以下几种：

1.“双学双比”活动

1989 年，为使农村妇女更好地适应农村经济改革的新形势，帮助妇女依靠科学文化知识发展生产、摆脱贫困，全国妇联牵头并推动农业部等 12 个部委，在农村妇女中开展了“双学双比”（学文化、学技术，比成绩、比贡献）活动。活动循着农村经济发展的进程，不断调整侧重点。第一个周期以文化教育、实用技术培训和劳动生产竞赛为重点。第二个周期把扫盲、扶贫、推广

① 《2003 年全省农广校招生工作会议上的讲话》，［EB/OL］（2007－06－11）http：//www. fujian. ngx. net. cn/。

② 卓创光：《我省新增 3 个部级“跨世纪青年农民科技培训工程”实施县》，［EB/OL］（2007－06－11）http：//www. fjagri. gov. cn/hyzl/。

新技术、新品种作为重点，并尝试了小额贷款扶贫方式。第三个周期以推进农业经济结构调整，提高农村妇女整体素质为主线，帮助妇女拓展致富渠道，发展优质高效农业，开展产业化经营。

2. “巾帼建功”活动

1991年全国妇联推动人事部、劳动部、卫生部等13个部委，在全国城镇发起“巾帼建功”活动，号召广大城镇妇女发扬自尊、自信、自立、自强的“四自”精神，在各自的岗位建功立业。

3. “五好文明家庭”评选活动

自20世纪50年代开展的五好家庭评选活动已有40多年的历史。在此活动基础上发展起来的文明家庭、美好家庭及各类先进家庭的创评活动，已经深入到社会和家庭，是全国妇联在推动精神文明建设方面具有特色的工作。

4. 四项工程

为进一步贯彻党的十五大精神，落实《中国妇女发展纲要》和中国妇女八大提出的“巾帼创新业”号召，全面提高妇女素质，全国妇联决定在妇女中实施女性素质工程、科技致富工程、社区服务工程、家庭文明工程四大工程。

在推进新农村建设的新形势下，在上述培训工程的基础上，福建省启动实施“百万农村妇女培训计划”、创建“巾帼科技致富示范基地”等妇女参与海峡西岸新农村建设十大项目，根据不同层次的农村妇女需要，发挥各自优势，依托各种、各类培训基地和教育资源，利用视频远程教育网络系统等科技创新成果，有针对性地开展高新技术、实用技术、标准化生产、现代农业、绿色证书、学历证书等多门类、多形式、多层次的培训，全省妇联上下联动共培训21.58万名农村妇女。省妇联联合省科技厅、农业厅等部门开展“专家快车农村行”活动，组织农业科技专家到20个村，为7 600名农村妇女讲授现代农业科技种养殖知识。省妇联、农办、农业厅、林业厅、建设厅联合在闽清、延平、三元、明溪、永安等 5 个县（市、区）10 个村开展农村妇女小额信贷扶贫、沼气建设、家园清洁、种植珍贵树种试点工作。南平市妇联实施“农村妇女培训 21111 工程”，开辟网上培训，深受农村妇女欢迎。厦门市妇联用好用活“农村妇女创业发展资金”，1 000多名妇女得到帮扶。三明市妇联积极组织妇女发展巾帼生态庭院经济。省妇联、省农办联合召开“妇女参与新农村建设工作推进会”，进一步激发广大妇女参与新农村建设的积极性，有效整合部门资源，形成协力推进的良好格局。①

4.3.5　福建省“百万农民技术员培训工程”

农牧渔业村级农民技术员队伍承担着宣传党的方针政策，示范推广农业新技术、新品种，指导本村动物疫病防控和农业病虫害防治等任务，是促进农业技术进步、农民增收和建设开放合作、安全高效、可持续发展的海峡西岸现代农业的一支生力军。为了加强村级农民技术员队伍建设，扎实推进社会主义新农村和海峡西岸经济区建设，2004 年，福建省下发了《关于加强农村“五大员”队伍建设的意见》，福建省农业厅、林业厅、海洋渔业局等相关单位也出台相应的政策和措施，加强对农民技术员的培训、管理工作。

实际上，这项工程开始于 20 世纪 90 年代。福建省委省政府制订实施了“百万农民技术员培训工程”，每年投入 100 万～300 万元培训农民技术员 20 万人次。“九五”期间，福建省又实施了第二轮“百万农民技术人员培训计划”，举办了培训班42 418期，培训了各类农民技术员 277.46 万人。据统计，2005 年 6 月至 11 月初，全省各级林业主管部门共举办村级林业农民技术员培训班（现场指导）414 期（次），培训人数达6 315人，占全省村

① 刘群英:《福建省妇联十届二次执委(扩大)会议上的工作报告》,[EB/OL]（2008－01－25）http：//acwf. people. com. cn。

级林农技术员人数的85.2%，平均培训2.5天，共投入培训经费142万元，培训覆盖面广，涉及县（市、区）达57个、乡村达5 960个。①

4.3.6 福建省“星火计划”

星火计划是党中央、国务院批准实施的依靠科技进步、振兴农村经济，普及科学技术、带动农民致富的指导性科技计划，是我国国民经济和社会发展计划及科技发展计划的一个重要组成部分。

星火计划的宗旨是坚持面向农业、农村和农民；坚持依靠技术创新和体制创新，促进农业和农村经济结构的战略性调整和农民增收致富；推动农业产业化、农村城镇化和农民知识化，加速农村小康建设和农业现代化进程。星火计划的主要任务是以推动农村产业结构调整、增加农民收入，全面促进农村经济持续健康发展为目标，加强农村先进适用技术的推广，加速科技成果转化，大力普及科学知识，营造有利于农村科技发展的良好环境。围绕农副产品加工、农村资源综合利用和农村特色产业等领域，集成配套并推广一批先进适用技术，大幅度提高我国农村生产力水平。

福建省星火计划自1986年实施以来，充分发挥“山、海、侨、台、特、亚”比较优势，不断创新发展，在星火计划“一县一业”科技示范星火技术产业带建设、农业科技产业化示范、星火特色产业培育以及扶持星火行业技术开发中心等方面，走在全国前列，开创了一条福建特色的“科教兴农”之路。通过多层次、多渠道、多形式，实际、实用、实效的星火人才培训，全省县级以上培训班共培训61万多人次，摄制了26部星火科技

① 福建统计年鉴编写组：《福建省2006年统计年鉴》(农村篇)，福建人民出版社2006年版，第1～5页。

节目在中央电视台“星火科技栏目”中播出。仅 2004 年全省 11 个国家级星火学校分别围绕当地特色产业共培训农民工及农民技术员 1.27 万人次，并对通过适用技术培训考核合格的，发给职业资格证书，接受培训的农民工受聘率达 90%以上。据统计，全省各设区市科技部门围绕特色产业组织开展多种形式、多种类型的星火实用技术培训，全年共培训农民 10 万多人次。①

建立了独立运行的福建省农村科技信息网（中国星火计划网站——福建站），开发完善 WEB 信息自动发布系统，并根据新系统对整个网站进行改版。开发了适合福建省农村实际需要的农业专家系统、农业病虫害远程诊断系统、农业疑难问题电子答疑系统、农作物生长模型、动植物生长专家系统、农业数字化图书馆系统等。选择泉州、三明、南平、宁德 4 个设区市及永安、屏南、建瓯、南安等 12 个示范县与福建省农村科技信息网相连接，形成连接国家、省、示范县、示范镇、农业企业、农户的星火农村科技信息网络体系。

“十五”期间，通过组织实施1 659项各级星火计划项目，一大批先进适用技术得到示范推广，有效地推动了农业和农村经济增长方式的转变，促进了农村特色、优势产业的发展壮大。据统计，这些项目累计增加利税达 57.8 亿元，辐射、带动一方农民致富，有力地促进了农业产业结构调整优化和区域经济的发展。其中泉州湾—武夷山沿线星火产业带建设，累计增加农民收入 17.26 亿元，增加农村劳动力就业 16.76 万人，为促进农业增效、农民增收和农村富余劳动力转移做出了突出贡献。②

① 丛林：《实施星火计划服务海峡西岸经济区建设的若干思考》，《福建农业学报》，2006 年第 1 期，第 79～81 页。

② 丛林：《实施星火计划服务海峡西岸经济区建设的若干思考》，《福建农业学报》，2006 年第 1 期，第 79～81 页。

4.3.7 福建省农业“五新”推广工程

农业“五新”是指经相关部门鉴定，或获得相关知识产权保护的，证明在本地区具有较高推广应用价值的新品种、新技术、新肥料、新农药、新机具的科技成果。为加快农业科技成果的推广应用，提高现代农业发展水平，推动海峡西岸社会主义新农村建设，2006 年福建省农业厅成立了“五新”领导小组和工作机构，制定下发了工作方案，实行首席专家负责制，编印了农业“五新”技术手册。2007 年福建省发布了《关于加强农业“五新”推广工作的若干意见》，加强农业“五新”推广工作。

以漳州市为例，据不完全统计，自农业“五新”推广工程建设以来，每年引进蔬菜瓜果等农业新品种 200 多个，推广农作物优良新品种 30.67 万公顷、更新更换良种 8 万公顷，全市主要农作物良种覆盖率达 96%以上，蔬菜良种覆盖率达 90%以上；推广种植、畜牧、农机、农业生态方面的实用新技术，全市特色农产品优质率提高到 70%～80%以上；推广三类新肥料，提高肥料利用率 3%～5%；推广 9 个高效低毒低残留新农药品种，高毒农药使用量下降 30%以上；推广小型、方便、安全、高效、低成本的四类新机具，全市机耕水平接近 40%。①

2007 年，南平市以农业“五新”科技进万家为主题，坚持传统方法与现代手段相结合，通过“一张联系卡、一张农事活动表、一本技术手册、一堂培训课”等形式，深入开展农业“五新”科技培训活动。全市共举办农业科技培训班1 560期，受训人数128 577人次。组织农业科技人员到生产现场培训指导和解决技术关键难题6 614人次，发放农业“五新”科技资料26 965册，赠送农业“五新”科技光盘12 003片，编印农业“五新”科

① 《漳州市实施农业五新工程》，《闽南日报》，2008－01－21。

技农事活动明白纸130 991份。全市共建立了农业“五新”科技成果集成示范样板点（片）238个，试验示范推广各类农作物新品种310个，其中水稻优质新品种170个，蔬菜瓜果新品种50个，其他农作物新品种90个；引进推广农业新技术、新药剂、新肥料、新机具等100多项，建立示范面积0.98万公顷。同时，在生产示范关键时期，及时组织技术骨干、村干部、重点农户现场观摩，在学习观摩的基础上，引导农民自觉推广应用农业“五新”科技，大大提高科技的普及率和到位率。①

4.3.8 福建省其他农民教育工程

除了上述几项针对农民进行教育培训的工程和活动外，目前在福建实施的农民教育工程还有很多种，限于篇幅不能一一详细介绍。现简要介绍几种培训工程：

1. 农业科技电波计划

农业部从2000年开始组织实施该计划。到2001年底，约覆盖298个县（市）、1 192万户。通过电视等媒介指导农业生产、推广农业科学技术、提供市场信息、传播致富经验、宣传农业政策法规、开展农民科技培训，使农业科技成果迅速走进千家万户。

2. 全国农村青年转移就业促进计划

共青团中央会同农业部、教育部、科技部、劳动和社会保障部、国务院扶贫办、民进中央，从2004年起组织实施该计划。目的是帮助广大农村青年转变就业观念，提高素质和就业技能，开发农村青年人才资源，培养一批以农村青年科技兴农带头人、青年农业产业化带头人、青年经纪人、青年工商创业带头人为代表的优秀青年创业致富带头人。

---

① 福建省统计局：《2007年福建农业年鉴》，福建人民出版社2007年版，第6页。

3. 促进农村青年增收成才行动

共青团中央自 2001 年起实施该行动。该项目以促进农村青年增收、带动更多农民群众增收为基本任务，通过广泛开展职业训练、实施项目带动和培养青年创业带头人，大力开发农村青年人力资源。十几年来全国共培养 110 多万青年星火带头人，许多青年星火带头人已成为当地科技致富带头人和推动农业科技应用的主要力量，成为当地农业和农村经济建设的骨干。

4. 扶贫开发培训

自 2004 年以来，国家对农村贫困村实施扶贫开发整村推进工程中，增加了贫困劳动力转移培训项目，从扶贫开发资金中拿出一定的比例用于对农村贫困劳动力的培训，促进了贫困劳动力通过职业技能培训实现转移就业，走向脱贫致富之路。扶贫开发培训把促进劳动力转移培训纳入公共服务范围，实行市场化运作，建立“政府主导、多方筹集”的培训投入机制。按照“政府出一点，用工单位拿一点，培训机构让一点，个人负担一点”的办法，解决培训经费。采用学费补助、培训券、报账制等方式，努力提高培训的实用性和资金的利用率。

5. “核心农户”培训工程

以省、市、县科研部门为依托，每年聘请 100 名专家学者和农业科技人员与1 000个专门从事农业种养业的核心农户对接，以一带十，通过技术咨询、系统培训指导等形式，培养农村科技创新带头人，促进农村实用技术应用和推广。计划到 2010 年全省培训核心农民5 000名，辐射带动 5 万农户。

6. 农民创业培训工程

以具备创业能力的农村经营大户、能工巧匠、农村技术能人和致富能人为重点，每年选拔2 000人参加系统化的经营管理、市场营销和实用技术培训，使之成为农村产业发展、合作经济组织带头人和农民企业家。计划到 2010 年全省培训创业农民 1 万人。

福建省农民教育工程是实施科教兴农战略的一种有效形式，也是解决农业、农村、农民问题和实现农业现代化发展目标的重要措施，不仅大大促进了福建省传统农业向现代农业的转变，也提高了农业科技成果的转化率和农民科学文化素质，从而为福建省社会主义新农村建设和海峡西岸经济区建设提供了智力支持和人力资本。

4.4　福建省农民教育存在问题剖析

福建省开展社会主义新农村建设以来，通过大力实施“绿色证书”工程、“阳光工程”、跨世纪青年农民科技培训工程、农业科技“电波入户”工程、巾帼科技致富培训工程以及百万农民技术人员培训计划等农民教育培训项目，培养和造就了一大批懂技术、善经营、会管理的农村实用技术人才和专业种养能手。但从总体来看，福建省农民教育还处于起步阶段，培训规模偏小，参训率不高，工作进展很不平衡。在法律制定、行政管理、思想观念、政策措施、教育培训等方面与实现福建省农业现代化和社会主义新农村建设的客观要求不相适应，存在着诸多问题。

4.4.1　农民教育的法律问题

目前，我国还没有一部能够确保8亿农民这样一个庞大的人口群体的经常性和终身性的职业教育的专项法律和法规。由于法律缺位，使农民教育培训工作无法可依，对农民依法施教成为空话，依法治农也凸现了法律体系的先天不足和残缺不全。这种法律缺位的现状，是形成我国农民教育培训因人而异、因地而异、因时而异，缺乏持续有效性的根本原因。

我国现行的法律法规如教育法、农业法、农业技术推广法、职业教育法等，都从不同的侧面涉及到农民教育问题，但是这些法律法规不是专门对农民教育而言的，存在着内容不全、针对性不强、规范性不够等问题，有着这样或那样的缺失。

1993 年 7 月，第八届全国人大常委会第二次会议通过了《中华人民共和国农业法》，只是对发展农民教育的原则性规定，缺乏关于农民教育的具体内容，在实践中《农业法》很难使农民教育得到有效的法律保障。

1993 年 7 月，第八届全国人大常委会第二次会议通过了《中华人民共和国农业技术推广法》，作为农业技术推广方面专门性的法律，只是原则性规定了教育部门应当在农村开展有关农业技术推广的职业技术教育和农业技术培训，提高农业技术推广人员和农业劳动者的技术素质，但缺少具体措施，更没有关于农民教育方面的具体规定。

1995 年 1 月 1 日起施行的《中华人民共和国劳动法》虽然对职业培训作了专门规定，但劳动法规定的职业培训只是针对企业的职工，不包括广大农民，在劳动法中缺乏农民职业教育这一重要内容。

1995 年 9 月实施的《中华人民共和国教育法》，对农民这一特殊群体的教育没有作出具体规定，因此，靠《教育法》不能解决农民教育问题。

1996 年通过的《中华人民共和国职业教育法》针对农民这一庞大的职业群体，《职业教育法》显得过于笼统，针对性不强，特别是对农民教育缺乏必要的、具体的、有针对性的规定，在农民教育实践中难以运作。

为了进一步贯彻落实《中华人民共和国职业教育法》和《中华人民共和国劳动法》，实施科教兴国战略，大力推进职业教育的改革与发展，2002 年 9 月国务院颁布了《国务院关于大力推进职业教育改革与发展的决定》。该《决定》是改革与发展职业教育的重要举措，为职业教育的改革与发展提供了新的法律保障。但是，此《决定》基本没有涉及农民教育。

根据全国人大常委会制定的法律，福建省在全省范围内进行了普法宣传和普法教育，并出台了相关的教育意见或教育条例，如《福建省人民政府关于加强村级农民技术员队伍建设的意见》、《福建省终身教育条例》等。但这些也与我国出台的法律法规基本类似，对农民教育有的涉及到了，但很不明确，很不具体，也很不全面；有的基本没有提及。这与农民教育的重要地位和作用极不相称，与农业和农村经济发展，与建设社会主义新农村对农民教育的要求很不适应，农民受教育的权利无法依法得到保障。这就迫切需要加快农民教育专项立法，把农民教育纳入法治管理之中，用法制保障农民接受教育培训的权利。

4.4.2　农民教育的管理问题

目前，国家对农民教育培训工作没有明确的管理主体。在福建省农民教育实际工作中，农民教育培训工作涉及农办、农业厅、教育厅、科技厅、劳动厅、科协、共青团、妇联等 22 个部门和机构，各部门均有所依托的培训机构和培训资源。从表面上来看，这种众人拾柴火焰高的局面，体现了各有关部门对农民教育培训问题的重视。但由于多头管理，管理体制不顺，全省缺乏统一长远的培训规划。全省农民教育培训工作缺乏统一而明确的目标和工作任务，宏观指导有较大的盲目性；保障措施不明确，培训资金和培训资源难以科学合理地配置到位；部门力量难以有效协调，培训任务落实难度加大。在海峡西岸社会主义新农村建设中，福建省农民教育管理的缺失具体表现在：

（1）福建省有关农民教育的三块内容是被人为分割成：学历教育，即各级各类农业职业技术学校；农民经常性的文化教育（扫盲、中小学毕业后的文化继续教育）；农民的科学技术培训。前两部分内容都由福建省教育厅来管，各级教育局都有职业与成人教育机构，后一部分内容主要由农业部门来管。同时，共青团福建省委、福建省科技厅、福建省劳动和社会保障厅、福建省林业厅、福建省扶贫开发办公室、福建省科协等十几个部门也有教育培训农民的职能。多头的领导和管理体制把农民教育整体工作人为地分解成好多块，过多的单位和部门都去组织管理农民，但农民教育又不是这些单位的主要工作，这就造成很多单位不能全身心地投入到农民教育中去，往往会造成敷衍了事，蒙混过关，事后写写总结、列列数据、拍些照片，发个报道就算了事。

（2）农民教育的多头管理，还造成了人力资源的浪费。人力资源的浪费主要体现在上述各个厅局都设有相应管理农民教育的办公室，有叫科技教育处、有叫成人教育处、有叫职业教育处、有叫“双学双比”办公室……这些管理人员都有一个职责：那就是负责农民教育的组织和管理工作。众多的单位和机构管理同一样的任务，设立众多的单位，各自去开展工作，从而造成了农民教育中管理人员比较多，形成人力资源的浪费，也增加了农民教育的费用和成本。而项目的繁多，体现在众多管理部门都有自己的培训项目，有称“绿色证书”培训工程的、有称“农村劳动力转移阳光工程”的、有称“五新工程”的、有称“跨世纪青年农民培训工程”的……五花八门，不要说是农民，就是专门研究农民教育的学者都分不清楚，它们这些培训工程到底有何不同，其实，说到底它们都是对农民进行科学文化知识和技能培训的项目。这样也造成了培训市场的混乱和被培训者的迷茫，增大了组织运行成本，造成了一定的资金体制性流失，致使财政性资金的整合和引导作用受到削弱，难以发挥培训资金最大的社会效益。

（3）培训资金多头管理的现象也非常突出。据调查，涉及农民教育培训经费的部门除财政外，农办、农业、扶贫、林业、水利、科技、工青妇、残联等都有自己的培训任务和经费渠道。中央和各级财政关于农民教育的一大块资金就像切蛋糕一样切割给好多部门，从而造成资金分散，多头管理，部门利益倾向严重的问题，而且每个部门的培训资金标准和使用方式各自为政。实践证明，各家对资金的使用办法和产生的实际效果并不是很好。这在一定程度上不能把国家投入到农民教育培训中的资金发挥最大的效用，犹如散兵游勇，打一枪换一个地方，不能形成农民教育培训的规模效应。

（4）虽然农民教育培训面广量大，涉及的行业和工种众多，需要众多职能部门和培训机构及社会办学力量参与，但是缺乏统一协调的管理体系，从而使农民教育相关管理部门之间缺乏沟通，配合力差，导致对农民的培训各自为阵，一盘散沙，多头管理，盲目性、无序性非常突出。

4.4.3　农民教育的观念问题

《中国教育改革和发展纲要》强调指出："教育必须为社会主义现代化建设服务，与生产劳动相结合，自觉地服从和服务于经济建设这个中心，促进社会的全面进步。"因而，农民教育必须适应广大农村发展生产，农民劳动致富的需要。但是，受落后的教育观、人才观、质量观的影响，社会上许多人把教育等同于成才、升学，对农民教育认为可有可无，无关紧要。再加上对农民进行培训和教育需要有长远的眼光和一定量的资金投入，且见效慢，成果不明显，这在重政绩、抓现实经济效益的思维模式下，许多地方政府对进行农民教育的宣传、发动、组织、实施等方面都表现热情不高，缺少积极性和主动性，更不要说创造性地去做好农民教育工作。

面对多元化经济成分和社会环境的影响，广大农民的市场意识、经济意识、发展意识、竞争意识、开拓意识明显增强，逐步摆脱温饱则足、小富即安的小农经济思想，树立奋发有为、积极向上的人生态度，形成与现代社会相适应的发展观念、竞争观念，重视文化、追求知识的意识不断加强，注重学习市场经济、生产经营、产品销售、科学技术等方面知识，以便在激烈的市场竞争中立于不败之地。但由于农民长期生活在农村，一些故步自封、求稳怕变、小富即安的小农思想根深蒂固，很大一部分农民重于固守家门，不愿出门谋生。同时受经济全球化的冲击和西方价值观念的影响，一些生长在安逸环境的农村年轻人，缺乏艰苦奋斗、吃苦耐劳、勤俭节约的精神，喜欢追求一时的致富和享乐，出现不守信用、欺诈坑骗、假冒伪劣等现象，给农村社会进步带来负面影响。

福建省农村人口占总人口 69.06%，从事第一产业人口仍占 40.18%。其中初中及以下学历占福建省总人口的 82%。全省文盲、半文盲的人口有 90%集中在农村，农村劳动力平均受教育年限不足 9 年，远低于城市人口的水平。在农村劳动力中，农业科技人员所占的比例很小，仅占 0.6%，可见福建省农民的文化程度普遍比较低。当前农民的文娱活动除了电视外基本没有。报纸、电影、广播等宣传渠道缺失，上级的决策、举措、信息仅依靠电视传播，作用非常有限。加上受教育程度低、素质差，农村封建迷信仍然有较大市场，迷信“游神”、“六合彩”赌博等是当前福建农村最为突出的消极现象。因此，无论是沿海地区的农民还是闽西北的农民，其素质、文化程度、受教育水平较低，综合素质需要进一步提高。

而一些地方政府非常重视农村基础设施建设、经济结构调整、新兴产业开发、配套政策落实，却不同程度地存在着对农民教育培训工作的重要性认识不足，宣传工作不到位，很多农民不知道政府组织实施了与农民有关的各项培训工程，对具体实施情况更是无从谈起。一些基层领导对乡镇农校的重要性缺乏正确认识，没有将乡镇农校的工作纳入党政工作的议事日程；有的地方在机构改革时，将乡镇农校并入乡镇中学或小学，使其成为乡镇中学或小学的一部分，校园、校舍被中、小学挤占，试验实习基地被乡镇政府收回，设备、设施被挪用，专职教师被调走，只剩挂名的兼职教师，使农民教育出现停滞甚至滑坡。

有组织地开展农民技术教育，对政府和相关部门来说，是一项随意性很强的工作，缺乏像计划生育、教育“普九”那样刚性的考核机制。在农民教育培训的实践中，一个地区农民技术教育工作的好坏，往往不是取决于培训制度是否健全，执行制度的措施是否得力，而是取决于当地政府或相关部门领导个人对这一问题的认识程度和觉悟水平的高低。因此，从农民自身到政府部门都要尽快转变观念，大力宣传，精心组织、认真落实，营造农民积极参与学习培训的良好社会氛围。

4.4.4　农民教育的经费问题

福建省农业职业教育、成人培训和科普教育薄弱，农业劳动者职业技能水平不高，与发达国家相比，农业劳动者参加职业培训比例差距很大。许多农民终身没有接受过职业培训，也没有参加任何培训活动。农村劳动力中，接受过短期职业培训的占2%，接受过初级职业技术教育培训的占 3.4%，接受过中等职业技术教育的占 0.13%，而没有接受过技术培训的竟高达76.4%。为此，要加强对农业基础研究和公益性项目投入的力度，尤其是加大对农民教育培训的力度，以保证充足的农业技术储备力量，以人为本，方能取得参与国际竞争的资格。近几年，福建省农民培训投入增长较大，但是，与发达省市相比差距还比较大。从全省农民教育培训工作的实际需要来看，资金投入不足的问题仍然突出。

1. 财政引导作用十分有限

福建省县域经济还不发达，特别是许多市县财政十分拮据，绝大多数县财政尚不能自保，只能依靠转移支付保吃饭、维持运转，拿不出财政资金用于对农民的技术教育和培训，有的地方还出现挤占、截留农民教育经费的现象。以福建省农业广播电视大学为例，根据福建省人民政府闽政［1997］97 号文件规定，各级要把农广校的办学经费列入当地的财政预算，并逐年有所增加。各级教育部门应从地方教育附加费中列出专项或按一定比例用于农广校的教育事业。但发展至今，80%以上县（市）这笔办学经费都已经取消，而且还有部分地区在农广校收缴的学费中扣除20%作为创收指标，上缴当地财政。办学经费的不足直接影响到农广校的招生和办学，挫伤了办学人员的积极性。省级有限的培训资金还是通过调整支农资金结构，从其他农业资金中挤出来的。据2007年《福建经济与社会年鉴（农村篇）》的统计数据显示：2006年福建省财政支农实际支出12.28亿元，比2005年增长了15.96亿元。其中支持粮食稳定生产3 400万元，支持农业科技进步800万元，支持推广农机化新技术和新机具1 465万元，支持农业结构调整4 600万元，支持农业产业化3 000万元，支持农民专业合作组织440万元，支持开展新型农民培训和村级农民技术员业务625万元，农村劳动力转移“阳光工程”1 800万元，等等。[①] 这些财政拨款只有少数写明是用于农民培训，大多数没有明确，从而造成财政资金使用约束性不强，在政府投入的有限经费中，也没有有效的经费投入监督机制。所以，真正用在农民教育上的经费是少之又少，要想发挥农民教育对农村经济社会发展的促进作用是非常困难的。

2. 金融信贷资金渠道不畅

由于农村融资体系与农村经济发展需要严重脱节，随着国有商业银行经营战略的转移和县以下机构网点的撤并，农村经济发展失去了原有的资金来源。农村信用社势单力薄，难撑“三农”重任。在这样严峻的农村金融信贷形势下，根本没有用于农民职业教育培训的融资空间和有效渠道。

3. 农民自身教育培训支付能力低

由于福建省农业积累水平低，农民收入增长缓慢，大部分农民几乎不具备用于自身教育培训的基本支付能力。因此，依靠农民自身投资接受培训的路子行不通。

---

① 福建统计局：《福建经济与社会统计年鉴——2007》，福建人民出版社2007年版，第16页。

4. 民间资本介入农民教育培训的投资效益不高

虽然从长远来看，因持久有效的职业培训必然会有效提高农民科技素质，提高农产品的科技含量，从而为农产品加工、营销企业带来间接的利润，但是由于教育培训的投资周期过长，加之企业与农户之间并没有形成稳定有效的利益联结机制，投资农民培训对企业来说，没有必然的绩效回报或者必要的资金投入安全保障，因此，以民营企业为主的民间投资主体，并不看好对农民的培训和教育项目，除非这种培训可以短期内为企业提供资金回报利润，比如以推销高科技产品为目的的高新技术应用培训。

另外，目前农民工教育培训经费主要来自中央财政、地方财政、用人单位及劳动者个人。其中，中央及地方财政是农民工培训经费的主要来源。由于农村人口多，再加上许多地方政府财政投入较少，农民工培训经费总体上仍然不足。因此，许多地方的职业培训学校的条件得不到改善，甚至停办。据调查，农民要掌握一技之长，实现转移就业、稳定就业，培训时间起码要达到3个月，经费一般在800～1 200元左右。2004年“阳光工程”按人均100元补助，标准明显偏低，资金缺口很大。2005年，中央财政专项资金由2004年的2.5亿元增加到4亿元，到2006年达到人均171元。总量虽有所增加，但相对待训人员的增加而言，人均培训经费也是微乎其微的。经费短缺已成为制约农民教育培训工作的重要因素。

4.4.5　农民教育的体系问题

农民教育是一个系统工程，牵涉到社会生活的方方面面，也涉及教育体系中的很多要素。而福建省农民教育培训的问题主要体现在农民教育的资源、农民教育的内容、农民教育的方法、农民教育的体制、农民教育的监督评估等方面。

1. 农民教育的资源问题

在我国，尽管对培训主体的认识一直有不同的争论，但各级政府是培训主体一直占据上风。农民教育培训的“教练”加“裁判”甚至“领队”都由各级政府来承担，政府职能定位并不准确，越位、缺位、错位现象比较普遍，在一定程度上挫伤了农业大专院校、农业科研院所和技术推广部门的积极性。

在《海峡西岸社会主义新农村建设五年规划纲要》就明确提出：优化农村职业教育布局结构，大力发展农村职业技术教育和成人教育。加强县级中等职业学校建设，每县（市）重点办好一所起示范作用的中等职业学校，重点建设130所骨干中等职业学校。乡镇要依托中小学、农民文化技术学校、农函大、农广校及其他培训机构开展职业教育培训。由此可以看出：福建省的教育资源十分丰富——不仅有数量众多的普通教育资源，而且还有很多职业学校、科研院所、科技示范园区、高等农林院校、各类与“三农”有关的网络资源、通讯资源等。而这些教育资源——教育培训的主体又隶属于很多部门，包括农林水、科教文卫、国土等20多个部门。在一些地方，各部门各自为政，自行其是，导致资金分散使用，难以实现规模效益和集约效益。

长期以来，农民教育形成了政府号召、媒体宣传、学校实施、农民接受的固化的单向传统传播模式。按不同地区不同农民的不同需求，分类指导、分层次培训，农民和培训主体之间的双向选择还难以真正实现。加上部门垄断在很大程度上抑制了相关部门的积极性，这是一种制度性障碍和结构性矛盾，长期困扰着农民教育的健康发展。由此可见，如何加强部门之间的协调合作，整合各类教育培训资源，构建农民教育的网络，是一个很现实、很迫切的问题。

2. 农民教育的内容问题

教育内容是教育活动所要完成的项目及其过程。它既是教师教学的项目和过程，也是学员学习的项目和过程。教育内容的确定要受到以下因素的影响：

（1）社会状况及其社会发展。一定的社会发展是一定教育形态及其发展的物质基础。所以，社会状况及社会发展对教育内容的影响极大。社会生产以及政治、经济制度对教育的制约之一，就是要求教育内容与当前社会需要和未来发展需求相一致：一是教育内容的安排必须满足社会生产力的关键要素的劳动者素质培养的需要；二是教育内容的安排又必须能够使教育对象具有对所接受的教育内容进行反思、创新的能力，推动社会不断进步。

（2）文化和科技发展。尤其是科学技术是影响教育内容的重要变量。科技发展至少在两个方面影响教育内容：一是影响它的课程设置；二是影响它的指导思想。

（3）教育对象的实际。教育活动实质上是在教师指导情境中教育对象的特定的学习活动。学生是这一学习活动的主体，也是整个教学活动取得效果的决定性因素。学习效果就是教育效果。“因材施教”原则相当意义上是教育内容对于教育对象的合理安排。

据中央农业广播广播电视学校的调查显示，农民对农业技术需求具有多样性。近80％的被调查者认为依靠科技进步是发展生产、农民致富的最主要因素，表现出对农业技术多样化全面增长的需求。对目前农业教育所开设的专业最受欢迎的是会计审计统计专业、企业经营管理专业、高效作物栽培专业和现代乡村综合管理专业，首选这4个专业的有600人，占被调查者总人数的83％；其次分别为电算会计专业、畜牧兽医专业、农村电气化专业和机电专业。不仅如此，所有被调查者都认为，成人中专学校应该面向农村培养多方面的实用型专业人才，除办好现有专业外，希望增开新专业，其中选家电维修专业的有434人，占60％；计算机应用专业345人，占48％；民用建筑（装修）专业277人，占38％；服装加工专业240人，占33％；园艺专业236人，占32％；其余依次为农村能源、美容美发、烹调、商贸，最少的为文秘（图4-1）。

在农村，由于生产的季节性和自身的随意性，农民可以从事

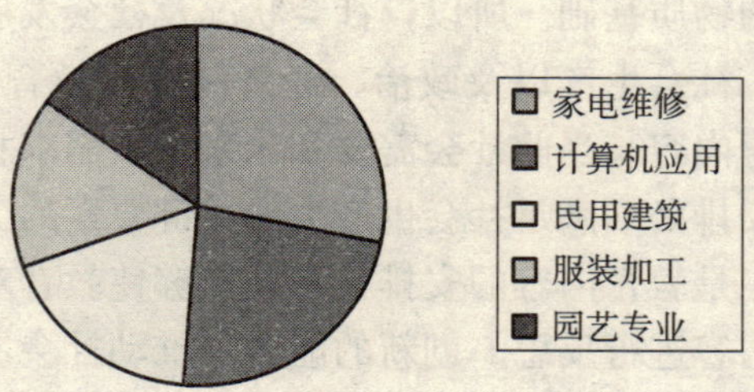

图 4-1 成人中等专业学校热门专业统计

多种行业，表现出对行业技术的多样化需求，但仍以大农业为主。如当问及在农村各业中您需要哪些方面的行业技术时，回答种植业的有 332 人，占 46%；其次为畜牧养殖业 206 人，占 29%；第三为林果业和农副产品加工业、手工业，各占 23%左右；而工业商业、农机与交通运输业的行业技术需求人数较少，各占 5.6%左右。值得注意的是：农民对农村第三产业、服务行业的技术需求有较大幅度增长，有 170 人，占 24%。农民学习农业技术知识的目的性明确。在被调查的 722 名人员中，参加或计划参加中专学历教育及培训的都有自己明确的打算和目的。为了掌握技术、发展生产、致富家园或者为了更新知识，胜任本职业务的，占绝大多数，达 676 人，占总数的 94%；为了扩大本人寻找职业的能力或解决学历、职称的各占 17%左右。取得中专文凭后，计划在乡村企业寻找就业岗位的占 13%；计划争取招工的占 12%；计划进入劳动力市场的占 9%；计划从事商业营销的占 7%。这种学习的目的性，成为农民渴求职业教育的内在动力。

可见，我们的农民教育培训单位在对农民进行教育之前，要先对农民这一特殊群体、特殊教育对象进行认真的调查研究，根据农民的教育需求，根据本地区的自然条件、现代农业发展的方向及农民本人劳动生产和生活需求确定农民教育的内容，而不是上级和培训单位想培训什么就培训什么。

目前福建省的农民教育培训主体，缺少调查研究，只是盲目地根据上级分解的教育培训任务开班授课，教育培训的内容与农民生产生活的实际要求相脱离，导致农民参加培训的积极性不高，农民教育的效果比较差。另外，在农民教育中，存在着只重视农业科学技术与职业教育的内容，而忽视了对农民政治素质、思想品德、基础文化等方面内容的教育，存在着教育内容单一化的倾向，没有做到提高农民综合素质这一教育的最终目的。

3. 农民教育的方法问题

教育方法是教师和学生在教育过程中为达成一定的教育目标而采用的有一定内在联系的活动方式与手段的组合。教育方法是教育活动目标达成的途径，所以教育方法的选择往往会受到教育过程各方面的影响。一般说来，直接影响教育方法选择的主要因素可以概括为以下几个方面。首先是教师和学生的因素。教师方面必须考虑教师的长处和不足。教师应该选择那些能够发挥自身特长的教育方法。学生方面，主要考虑特定学生及其群体的身心发展实际、文化背景、兴趣和特长等等。其次是依据具体教育或教学任务选择方法。第三是根据教育目标、教育内容和教育手段选择恰当的教育方法。所有这些都以用最为简单、负担最轻的方式去达到最大、最佳的教育效果的目的。

在当前的农民教育过程中，农民教育的培训主体——无论是教育部门还是农技推广单位对教育方法的选择缺乏慎重深入的思考，认为只要把技术要领、知识体系讲授清楚就算完成了农民教育的任务；还有人说用网络教育农民比较好，经济实惠，方便快捷等等。所有这些都没有考虑农民的文化背景、接受能力以及教育内容等影响教育方法选择的因素，只是从主观愿望出发，忽视了客观实际。

调查显示，有 365 名被调查者表示希望请专家学者讲课、传授和训练农业技术，占调查总人数的一半以上；其次为走出去进行跨地区参观学习。对于现行教学模式，有 170 人表示满意，但所占比重不大，为24%。调查中，当问及“最喜好的培训方式”时，绝大多数人表示：尽管培训的方式很多，如听录音、看录像或者收看电视台播出的专题技术讲座、学习技术资料和明白纸虽然能起到一定的指导作用，但是可操作性差，有问题无处咨询。农民最欢迎的是送技术下乡、现场指导，或者多种方式综合应用，共有694人选择了这种方式，占被调查者总数的100%。

4. 农民教育的培训体制问题

教育培训是社会经济发展的基础，也是社会发展和人类文明进步的重要支撑因素。农村是社会经济欠发达的地区，同时也是教育落后、人才严重匮乏的地区。后者是前者的制约因素。目前，农业技术推广工作是一项由国家公办为主导的普及和推广农业技术的有效方式。

长期以来，农业技术推广人员通过辛勤工作为福建省农业科技进步做出了重要贡献。但现行的农技推广模式由于缺乏与农民，尤其是与培训工作更密切的结合，而未能发挥推广工作的最大潜能和效果。一是推广模式忽略了对农民主动性的开发和重视。传统的农业技术推广工作，是一种以项目推广为主的自上而下的传递服务模式，其最大的特点就是行政强制驱动，农民被动接受。推广项目的设计要经过有关部门审批，推广的技术路线也要由主管部门模式化，推广方式过于学术化等，脱离农民的接受能力和主观需求，在一定程度上损伤了农民接受技术的积极性。二是技术内容倾向于满足政府部门的偏好。审批立项的是政府主管部门，推广的内容只能是政府许可的服务产品，缺乏针对性，农民对这种强制接受的技术缺乏主观意愿，并产生反感情绪，或者持观望态度。三是推广方法缺乏对农民操作技能的训练。推广工作重视示范引导和潜移默化，忽略对农民科学观念的养成和操作技能的训练，科技人员多重视做给农民看，树立示范样板，而忽视带着农民干，缺乏大规模的扎扎实实的手把手地教给农民如何去操作和运用的培训过程。农民不能更为有效地从推广工作中获得一种方法和技能，获得自身素质的更大提高。这反映了推广工作中的培训软肋。此外，由于培训、推广体系不健全，科技人员不能常下乡、下长乡，出现了农业技术推广普及过程中“最后一公里”断层和农业技术成果转化“最后一道坎”的问题。

5. 农民教育的监督评估问题

农民教育的监督评估，即由特定主体按一定标准和程序，对特定时限、特定项目、特定的培训机构实施农民教育的情况进行定量和定性的评审，测评农民教育的实际效果，测定农民教育的实际状况与其应当达到的标准之间的差距，分析原因，查找实践中存在的问题，并提出相应对策和措施，促进农民教育培训质量全面提升。

目前，福建省农民教育是主管单位分解下达指标，相关厅局让其二级机构组织、进行农民教育的科技、文化培训。农民培训的项目没有自由竞争，存在着行业垄断、培训的单位和主管单位存在着隶属关系，形成了只有培训，没有监督；只有教育，没有考核的局面。农民教育的质量如何，效果怎样，没有办法体现。我们只能看到某年某个项目培训多少人，而培训的这些人究竟有没有掌握所传授的技术、在实际的生产实践中有没有发挥效用，为农民的致富提供了多少帮助……所有的这些都缺少一个监督和质量评估的体系，从而造成培训单位既是运动员又是裁判员的局面，胜负自然就说不清楚，效果也说不明白。

福建省新农村建设进程中的农民教育所存在的问题还有：农业新技术的转化和推广问题、农业科技的贡献率问题、农业科研机构的改革与发展问题、农科教三结合为农民服务的问题，农民教育的信息化问题、闽台农业的合作问题，农民教育的师资培养和储备问题、农民教育的研究、福建农民教育发展的不平衡性，等等。因此，我们应该清醒地看到农民教育成绩颇大，问题也较多。如何解决这些问题，已经不是帮助弱势群体和教育公平那么简单，而是直接关系到我们国家建设全面小康社会的目标能否如期实现，社会主义新农村能否顺利建成的问题。而对于福建来说，则关系到海峡西岸经济区与新农村的建设，关系到福建未来的发展。

4.5 本章小结

农民教育是一个系统工程，涉及政府的很多部门。这一章笔者对福建省在新农村建设以来政策措施作了梳理，详细介绍了福建省实行的农民教育工程及其成效，全面地展示了福建省在农民教育上所取得了成绩和可资利用的资源。同时，对福建省农民教育存在的问题进行具体深入的分析。

第五章　福建省农民教育的实证研究

——“一村一名大学生村官工程”的个案调查

村干部既是农民的一部分，又是有别于普通农民的特殊群体。他们长期处在农村基层工作的第一线，是中央关于“三农”方针政策的宣传者，是贯彻落实中央精神、推进社会主义新农村建设的组织者、领导者，又是带领广大农民群众创业致富的领头雁，在加快推进农业和农村经济社会发展、建设社会主义新农村的历史进程中具有重要的作用。他们的素质高低，直接影响到党在农村的一系列方针政策能否顺利实现，社会主义新农村建设的目标能否顺利实现。因此，加强农村基层干部的教育培训，提高他们的思想政治素质和科学文化水平，具有特殊重要的意义。笔者以自己亲身策划、组织的“一村一名大学生村官工程”作为典型案例，说明对农民特别是农村基层干部开展教育培训工作的重要性、必要性。

5.1　“一村一名大学生村官工程”的缘起

福建省有800多个乡镇、15 000多个村。有农村党员70多万人，农村基层干部20多万人。村干部平均年龄39.6岁，初中以上文化程度占94.2%，其中高中（含中专）以上占45.3%。许多基层干部长期脱离学习，知识陈旧、老化，缺乏先进的生产、管理、经营知识，不懂电子计算机，不会利用网络等。由此可以看出，福建省农村村官文化水平不高、素质偏低，把他们送出去异地培养成本较高，选拔农村青年定向培养后再回乡工作往往“水土不服”，面向社会招聘大学生到农村工作往往留不住或用不上。

于是，2004年福建省自考办按照省组织部对农村基层干部的学历要求，联合福建农林大学、福建省科协、福建省农函大，与各市委组织部、创新办、科协、农函大分校共同探索一种可持续发展的模式：为农村培养有文化、懂技术、会经营、能管理、留得住、用得上的“永久牌”的大学生村官。

“一村一名大学生村官”工程以高等教育自学考试“乡村管理”大专专业为平台、农林大学和农函大助学为主要形式，采取自愿报名和组织推荐相结合、个人自学和社会助学相结合、送教上门和就近培养相结合的办法，组织在岗或后备的村干部（包括六大员）参加“乡村管理”大专学历教育，提高他们带领群众建设社会主义新农村的能力和水平。全省已在福州、建阳、南平、漳州、集美、福安、永安、福清等地设9个教学点，开设13个教学班，在读学生724人，首批109名村官完成了规定的教学课程，顺利毕业。

为了更好地搞好福建省农民教育工程，笔者通过发放问卷、走访、座谈等形式对首批109名村官进行调查，希望掌握第一手资料，检验“一村一名大学生村官工程”的实施效果，从而寻求福建农民教育的创新和突破。

5.2 问卷设计与调查方案

5.2.1 问卷设计

在此次的调查问卷中，主要设计了大学生村官个人现状的调查指标，如入学前在村里担任的职务、现在在村里担任的职务、入学前的文化程度等；家庭情况的调查指标，如家庭人口的文化素质、耕地面积、林地面积、收入来源、支出情况等；对“乡村管理”自考大专班教学管理的评价，如教学方法、教学内容、教学时间的安排、教材的实用性等；以及对“乡村管理”自考大专班学习效果的评价，如学习的目的、是否达到预期目的，学习后对农业生产、村务管理有何帮助等。

5.2.2　调查方案

此次调查由笔者带领研究生在福建省南平、漳州、厦门、泉州、龙岩、福州开展跟踪调查，以首批毕业的109名大学生村官作为调查对象，共发放问卷109份，回收问卷109份，有效问卷109份，有效率为100%。本次调查主要采用问卷法兼访谈法。在成功访问的109个对象中，从性别上看，男性占76.0%，女性占24.0%，从入学前的文化程度上看（表5-1），调查对象中最低受教育年限为9年，最高为16年。其中读书9～12年者最多，多达73.6%，首批村官大学生在入学前都接受过初高中的教育。

表5-1　调查对象的基本情况

单位：%，N=109

年龄	30岁以下	36.9	文化程度	初中	43.6
	31～40岁	53.8		高中	56.4
	41～50岁	9.3			
性别	男性	76.0	政治面貌	党员	65.0
	女性	24.0		团员	28.0
				其他	7.0
职务	村支部书记	36.5	所在区域	山区	63.2
	村委主任	38.5		沿海	36.8
	村两委成员	17.5			
	后备干部	7.5			

在问卷调查过程中，为了保证信息的准确、有效，对不同调查对象选取了不同的调查方法。对于时间较为宽松的村官，我们

不仅进行问卷调查，还进行访谈；对于时间较紧的村官，我们采用只填写调查问卷；对于没有在家的村官，我们采取电话逐题问答和访谈的方式。调查结束后，将数据全部录入电子计算机，采用 Excel 软件对其进行整理和统计分析。

5.3 结果与分析

笔者利用问卷调查取得的第一手资料，运用主成分分析法对村官大学生的各个项目进行因子分析，共抽取了家庭收入情况、教学方法、教学时间、教学内容、师资情况、学费来源、学习效果等 7 个因子。通过这 7 个因子对“一村一名村官大学生”工程进行具体的测量和分析。

5.3.1 家庭收入情况

这 109 名村官大学生有 63.2%的家庭是在山区，主要收入来源是本人的工资收入、林地收入、耕地收入及家庭副业，如养殖、食用菌栽培等。有 36.8%的家庭在沿海地区，主要的收入来源是水产养殖、个人工资、土地收益和非农产业收益。在 109 个家庭中，人均收入超过9 000元的家庭有 22.0%，人均收入超过8 000元的家庭有 45.8%，人均收入超过7 000元的家庭有 15.2%，人均超过6 000元的家庭有 9.0%，有5 000元及5 000元以下的家庭有 8.0%（图 5-1）。总的看来，他们中有 90%以上的家庭人均纯收入超过福建省农村家庭人均纯收入的 5 467.08 元。

从农村市场看，化肥、农膜和种子等农业生产资料价格不断上涨。2004 年上涨 12.5%，2005 年再上涨 8.1%，2006 年上涨 0.9%，但价格实际水平仍然较高。与全国比较看，化肥、农药和机械化农具等价格上涨幅度高于全国平均水平，2005 年全省这三项价格分别上涨 14.1%、8.5%和 3%，高于全国平均 1.3

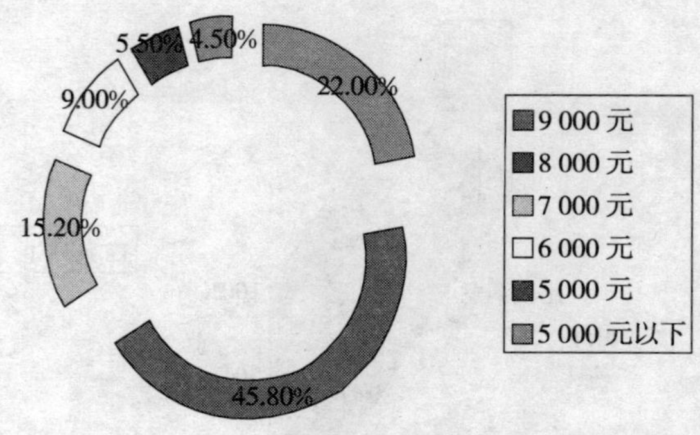

图 5-1　首批大学生村官的家庭收入情况

个、4.4 个和 0.7 个百分点，农民因为农资价格的上涨比全国平均要多支出较多成本。农村消费品价格上涨让农民支出增多。2005 年福建省农村消费品价格比上年同期上涨 2.3%，高于全国平均水平 0.9 个百分点。虽然，他们大多数家庭比当地的村民家庭收入要好一些，但农业生产资料和生活消费品价格上涨仍然让他们感到在家庭支出上的大幅度提高。

5.3.2　教学方法

"乡村管理"自考大专班采取自学与面授辅导相结合的方式。面授辅导主要由福建农林大学指派教师负责，以确保村官学员的学习质量和考试过关率，真正把村官培养为有文化、懂技术、会经营、能管理的实用型人才。这次我们对教学方法的调查和访谈的结果显示，有 75%大学生村官表示满意，有 12%的人表示比较满意，有 10%表示一般，有 3%的人表示不满意（图 5-2）。问及不满意的原因，3%的大学生村官认为教学方法应该更灵活、更有针对性，实行因材施教。如现场实习教学、利用网络技术或参加远程教育等先进的教育教学方法。

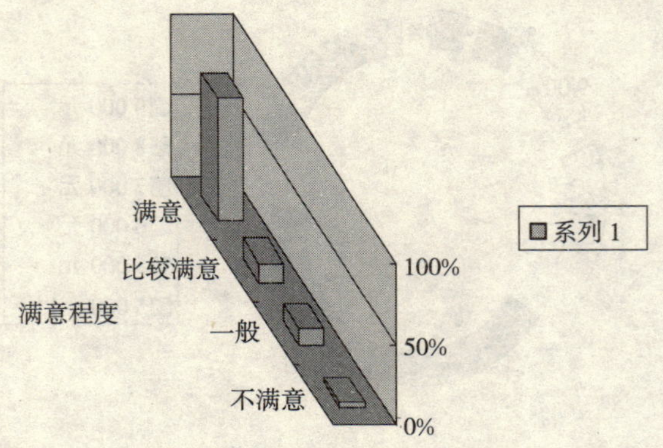

图 5-2 首届“乡村管理”自考大专班教学方法调查统计

5.3.3 教学时间

“乡村管理”自考大专班每年考试 4 次，每次考试前由办学单位负责组织学员到教学点面授辅导，每次辅导时间 8～10 天。对于教学时间绝大多数大学生村官都表示满意或比较满意，但他们也提出在以后的办学过程中也可以更机动、更灵活（图 5-3）。

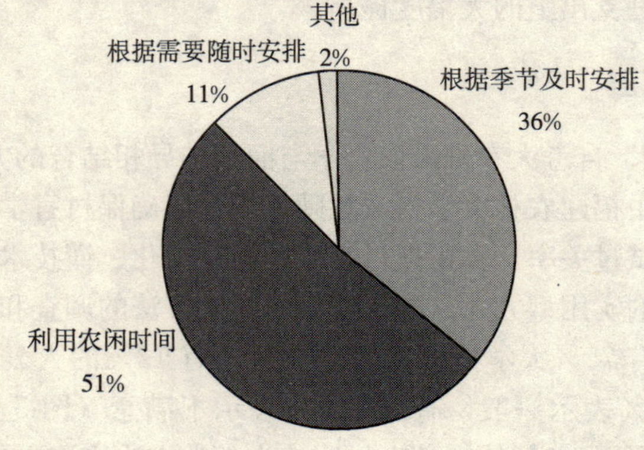

图 5-3 首届大学生村官教学时间安排的建议统计

同时，大多数毕业生也认为利用农闲时间对农民进行教育培训是较为合适的。由于机械化的广泛普及，农忙时间已经显著缩短。据了解，春收当地季节已经不足一个星期，而且基本不再需要人力；秋收季节也已经可以控制在一个星期左右。因此，针对农民的教育培训完全可以根据培训内容来有计划、有系统地安排，根据季节或者根据需要随时安排。

5.3.4　教学内容

农民教育培训的内容从总体上可分为农业技术培训和非农业技术培训。由于立足农村基层管理，主要针对现实农村管理的需要设计培训内容，如文化建设、农村社会调查、乡镇人力资源管理等，而针对农业技术方面涉及的内容较少。因此，教学内容是否符合村官的学历层次和学识水平，教学内容是否符合村官们日常工作需要，教学内容是否紧跟现代农村、现代农业的发展，这是“乡村管理”自考大专班成功与否的关键。为此，我们在问卷调查的基础上，更加注重与毕业学员的交流，认真听取他们对教学内容的意见和建议。调查结果显示，77.5％的学员对教学内容表示满意，有19％的学员表示教学内容一般，有3.5％的学员表示不满意。这一调查结果显示，伴随着改革开放，福建作为最早开放的省份之一，广大的农村基层干部已经不是传统的乡村干部，他们身上的现代意识开始大大增强，他们乐于接受新的事物、新的知识，他们认为教材上所涉及的内容开阔了眼界，增长了见识，对处理日常工作有极大的帮助。少数人认为教材的难度大、有些教材有脱离农村实际的情况，同时感觉对农业技术的开设课程较少等。

5.3.5　师资情况

对“乡村管理”自考大专班学员进行辅导的教师都是教材的著者或是编者，教师的素质比较高、学识较为深厚，且为本专业毕业，学历、职称都较高，有多位教授、博导，也有多位博士。通过调查显示，90%以上的学员对老师的授课表示满意，有10%的学员认为有些老师由于长期生活城市、生活在大学校园，对农村、对基层工作缺乏了解，故而在讲课时缺少针对性，对于学员们提出的问题不能给予恰当的分析和解决。

5.3.6 学费来源

大学生村官的培养经费采取以政府主导、多方筹措、分级负担的办法解决，村官个人只负担生活费和误工费。其中，学费1 900元的90%由省级负担，即省级财政补助1 000元，省委组织部党费补助200元，省科协科普经费补助300元，福建农林大学成人教育学院减免学费220元。另外的10%学费和报考费640元（每门80元）、教材费400元、实践费200元等合计1420元，由设区市农办负责落实，本级财政补助500元，组织部、科协等相关单位各负责补助100元，同时，由县乡两级财政共同负担720元。此外，省自考办收取的报考费给予适当减免，即省定贫困村的村官学员全部免收报考费，对经济欠发达地区实行减半。有的市采用各级财政报一部分的形式全部免去学员的学费。通过上述一系列的政策和措施，学员在求学期间的费用大幅度降低了。根据问卷调查的结果显示，毕业生对于学费的解决都表示比较满意，即使自己出一点钱也是可以接受的。此项问卷调查的结果满意率为100%。

5.3.7 学习效果

调查数据显示，有50%的人认为比较有用，有42%的人认为很有用，有6%的人认为用处不大，有2%的人认为难以发挥作用（图5-4）。

根据对首届“乡村管理”自考大专班毕业生的调查和访谈，笔者把“一村一名大学生村官工程”培养农村基层干部的成效归

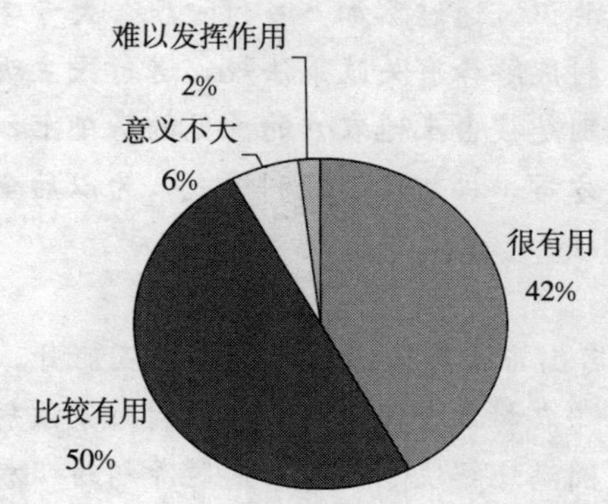

图 5-4　首届“乡村管理”自考大专班学习效果调查统计

纳为三个方面：

1. 提高了领导和管理能力

许多学员参加学习之前，往往采取粗糙的管理方式处理村务，有的人甚至采用家族式的管理。这种方式不仅处理不好当今农村各种复杂的利益冲突，而且激化矛盾，影响和谐社会的建设。乡村管理专业开设的一些骨干课程如“农业可持续发展概论”、“农村政策与法规”、“农村基层组织建设”、“乡镇文化建设”等满足了他们的需求。学员们克服自身文化水平低、事务繁杂等不利因素，静下心来刻苦攻读，并尝试将学到的知识运用到组织管理实践中，不但提高了村干部的办事效能，而且促进了农村经济发展，推进了新农村建设。

事例 1：南平大专班学员、南平市延平区西芹镇塘下村支书陈昌灶，曾几次同其他村干部商量修一条机耕路，以使本村的特色农副产品能从深山老林中运出来。可是召集党支部、村委会、户代表连续开了两次会都不成。对路怎样修、修路成本怎样分摊、被占地农户怎样补偿、利益怎样分配等关系农民切身利益的问题一直达不成共识。通过参加“乡村管理”大专学习，他又召开村民大会，向村民解释有关政策法规，进行民主听证，在听取各方面意见、特别是被占土地农户的意见的基础上，形成了一个均衡各方利益的方案。机耕路的顺利修成，为以后全村经济发展打下了坚实的基础。

事例2：武夷山市武夷街道樟树村支书王丽丹，在“乡村管理”大专班学习“农村社会保障”和“农村政策法规”两门课程后，现学现用，圆满地解决了村里一起赡养纠纷：村里一位老人患高血压瘫痪在床，没有医保和社保，只能靠老伴不断求儿子儿媳接济。儿子开始还好一些，但因为贫穷，父亲的病又不能一时半会儿好起来，时间长了就不管了，不仅不出钱为父亲治病，也不给父母生活费用。王丽丹找到他说：“国家法律规定赡养老人是子女应尽的义务，你不赡养父母是违法的，如果不改，我们村委会支持你母亲打官司并到法庭作证，希望你好好想一想。”那个村民回去后去看了父亲，并给了父亲一些钱，两代人之间的关系终于和好。

这件事提高了王丽丹在村里的威信，她说的话灵了，一些邻里闹矛盾、街坊打架斗殴、夫妻闹离婚的事情，经她出面就会很快解决。王丽丹说：“以前处理矛盾凭经验，没有法律和政策法规意识，抓不住要害，说服不了人。学了这些课程后，心里有了底气，从法律法规和政策中找办法，提高了管理效率，得到了村民的支持和肯定。”

2. 增长了发家致富的本领

在开办“乡村管理”自考大专班时，福建省科协专门办了一个贫困村干（部）班，吸收了35名村干部参加。贫困村干班的学员没有辜负这个难得的机遇，在努力学习的同时，根据村里的实际情况，创造性地将所学知识用于建设新农村的实践，用于带领农民致富的活动中。

事例 3：贫困村干班班长、三明市建宁县伊家乡沙洲村支书陈富强，多年来一直梦想甩掉省定贫困村的帽子。他觉得他们村不应该是贫困村，因为他们有自己的特产——黄花梨。别的地方的梨开白花，他们这儿的却开黄花，而且肉质细腻、脆嫩多汁。由于长期以来粗放式种植管理，黄花梨并没有形成特色产业，没有让村民富起来。学习"农村实用技术"专业课后，陈富强终于找到个中原因。回村后他带领村民从种植、养护、修剪、施肥、防治病虫害等每一个细节做起，很快使黄花梨的产量翻番，从原来亩产 5 吨提高到 10 吨。但黄花梨脆嫩多汁不易贮存，产量提高了，又面临销售问题。陈富强和村干部们四处联络，与各路经销商打交道。后来他们根据经销商的意见将黄花梨分等级销售，结果销路大开，使这个省定贫困村的人均收入达到了 3 000 元。目前，陈富强正在组织向国家有关部门申请"国家地理标志"，使黄花梨作为原产地域产品受国家保护。

事例 4：青壮年男劳力进城后，妇女成了村里生产的主力，有的村留守妇女达到全村人口的 60%。在村务管理的舞台上，妇女们占的比例也越来越大。为此，福建省妇联专为妇女村干部办了两个班：一个是福州班，有 61 人参加；另一个是永安班，有 50 人参加。妇女村干（部）班学员、永安市小陶镇五一村妇代会主任许光圆参加"乡村管理"专业大专班学习后，回村带领妇代会承包了 40 亩柑橘园，成立了柑橘种植协会。村里每个妇女入股 100 元，用于购买果园农具、机械和肥料。年底除上缴承包金外，30%的利润用于给股东分红，剩余收入用于妇代会的公益事业。在妇代会的带动下，全村 30%的农户种植了柑橘，柑橘成了五一村农民的主要收入来源。许光圆又带领妇女们集资建了一个 130 平方米的活动中心。她们自编自演的节目，吸引了全村男女老少。她们组织的腰鼓队参加永安市妇联举办的健身运动表演赛获得组织奖，自编自演的小品《定心丸》获永安市总工会曲艺小品三等奖，在永安市第11次党代会文艺晚会上获一等奖。这些文艺活动丰富了村民的生活，促进了新农村的精神文明建设。

3. 开辟了选拔培养农村干部的新途径

培养大学生村官，不仅优化了村干部队伍结构，在一定程度上缓和了村干部队伍的老化，加快了农村干部队伍的知识更新速度，巩固和加强了农村基层组织的建设，而更主要的是开辟了一条选拔培养干部的新途径。大学生村官的培养，为党和政府输送了一批优秀的人才，开辟了选拔培养干部的新途径。从2008年开始，以后可以从村干部中直接录用公务员。培养出来的村干部，有了大专文凭，今后就可以参加公务员考试了。

“一村一名大学生村官工程”的实施，取得了良好的效果，得到了上级领导的充分肯定，引起了社会各界的广泛关注。《人民日报》、《福建日报》、《中国教育报》以及多家网络媒体作了专题报道。

5.4 “一村一名大学生村官工程”的经验总结

在三年多的实践过程中，作为该工程的策划者、推动者、实施者——笔者认为“一村一名大学生村官工程”能够取得显著的成效，原因在于：

5.4.1 政府推动，上下联动是推进村官培养工程的前提

政府的重视和推动非常重要，政府重视，形成自上而下的格局，并且逐级分解任务，建立起责任体系，层层落实指标，落实有关部门、助学培训机构和各乡镇的责任。把完成任务的情况纳

入各级政府和领导的考核指标，与年度考核和平时的单项检查同部署、同检查、同落实、同兑现。加大宣传力度，采取多种措施，利用多种渠道，广泛宣传，认真组织动员学员参加培训。制定教育培训规划，将目标逐步分解，做到目标明确，措施具体可行。制定与人才使用相结合的鼓励政策和激励机制，吸引广大农村基层干部参加学历培训。加强督察和考核，定期对实施情况进行检查、督导，确保高质量完成任务。

5.4.2 立足实际，面向农村是开展村官培养工程的根本

福建省实施的“一村一名大学生村官工程”，坚持以乡村在岗和后备干部、经营管理人员、农业技术人员的学历教育为重点，培养具备现代管理理论和方法、农业科学技术等方面知识以及应用这些知识的能力，能在乡镇、农村等基层单位从事公共行政管理工作、农业指导工作和第一线农业生产的专门人才。“一村一名大学生村官工程”根据培养目的，把培训工程的对象定位在45岁（女性40岁）以下，各县（市、区）、乡（镇）、村的党员干部、入党积极分子、农村“六大员”、农村高中毕业生、农函大学员、农民专业户、回乡青年、青年骨干和复员转业军人等农村骨干。

同时，福建农林大学成人教育学院会同福建省自考办、福建省科协、福建省农函大等部门，根据农村基层干部文化素质较低的实际，设置针对性、实用性强，对提高农村基层干部的综合素质和脱贫致富有帮助的课程。除了四门为全国统考课程外，开设有“农业可持续发展概论”、“农村政策与法规”、“农村社会保障”、“农村基层组织建设”、“乡镇经济管理”、“农村人力资源开发与管理”、“农村实用技术”等体现福建农村特色的课程。在教材的编写上，创新课程体系，立足基础理论够用，突出应用型、技能型、职业型，适合农村干部学习的教材，做到“学以致用、教以致用、考以致用”。

5.4.3 经费保证，重视投入是搞好村官培训工程的关键

福建省委组织部、福建省农办、福建农林大学、福建省自考办、福建省科协、福建省妇联等部门积极争取资金，投入到大学生村官培训工程，有力地推动培训工作的深入开展。各地组织部、农办、老区办、科协、妇联等部门和单位都积极支持这项工作，有钱出钱，有力出力，形成部门配合，协调合作的局面，建立向农民提供科技知识、职业技能、专业学历等多项功能的新型农民教育助学培训体系。

5.5 本章小结

采取何种方式、何种渠道培养农民？采取何种方式支持农村经济社会发展、促进新农村建设？一直以来都是学术界思考和亟待解决的问题。笔者以亲身的实践，诠释了农民教育的体制创新，提供了一些可供借鉴的经验。

第六章 福建省农民教育的发展战略与对策研究

福建省农民教育工作虽然取得了很大的成绩，但全省农民整体科技文化素质低的状况还没有得到根本性的改变，农民的科技文化素质与福建省社会主义新农村建设的目标和要求还不相适应。面对新的形势、新的任务、新的特点，福建省社会主义新农村建设中的农民教育工作还有很多挑战，福建的农民教育工作还任重道远。根据福建省农民教育存在的问题和福建省未来新农村建设的发展目标，笔者在借鉴国内外先进经验的基础上，结合自己的实践工作进行深层次的思考，提出福建省农民教育的未来发展战略，以及加强和改进福建省农民教育工作的具体对策措施。

6.1 新时期福建省新农村建设的主要目标

福建省建设新农村的总目标是：按照“生产发展、生活宽裕、乡风文明、村容整洁、管理民主”的要求，着力提高农业综合生产能力、农村服务保障能力、农民自我发展能力，确保农村生产力进一步提高、农民物质文化生活条件进一步改善、农村社会面貌进一步改变。

6.1.1 社会主义新农村建设基本目标

（1）高效优质的特色产业。以现代农业为基础，以农产品加工业为主导，以服务业为纽带，农村一二三产业协调发展，产业结构优化，特色优势明显，市场竞争力强，基本形成专业化生产、区域化布局、产业化经营的产业发展新格局。

（2）完善配套的基础设施。生产设施更加完善，生活设施更加配套，生态环境更加优美，防灾减灾体系更加健全，农业综合生产能力和安全保障水平进一步提高。

（3）安康宽裕的生活质量。农民收入持续增加，生活资料更加丰富，消费结构更加合理，社会保障更加健全，居住条件明显改善，健康水平明显提高，生活安康富裕。

（4）素质良好的新型农民。农民的生产经营技能、科学文化素质、思想道德素养明显提高，成为有文化、懂技术、会经营的新型农民。

（5）文明和谐的社会风尚。农村精神文明建设全面加强，文明乡风进一步树立，科学文明的生活方式进一步养成，农村社会文明、和谐、安定、有序。

（6）科学民主的管理机制。农村基层组织坚强有力，村民自治和民主管理制度更加完善，依法治村水平进一步提高，乡村治理结构趋于合理，农民民主权利得到有效保障。

6.1.2 福建省新农村建设的阶段目标

海峡西岸（福建）社会主义新农村建设是一个长期的、渐进的、动态的过程，要贯穿于现代化建设的全过程。“十一五”期间的阶段性目标主要是：

（1）农村经济持续发展。全省农业增加值超过1 000亿元，实际年均递增3%～4%；农村劳动生产率提高25%。

（2）农业生产能力明显提高。全省基本实现初级水利化，耕地有效灌溉面积比重达到85%以上，每公顷耕地农机总动力10千瓦，农产品优质率达到90%以上。

（3）农村生活设施明显改善。基本实现每个建制村通一条硬化公路、村村通客车、村村通自来水、20户以上自然村通广播电视，农户电话普及率达到80%以上，农村居民年人均用电量

1 000千瓦时，农村信息化程度达到50%以上。

（4）农民生活质量明显提高。全省农民人均纯收入年均增长6%，农村居民恩格尔系数降至43%，新型农村合作医疗覆盖率达到80%，农村居民居住质量指数达到67%。

（5）农村公共服务体系进一步完善。80%以上的农村后备劳动力受到职业技能培训，农村人口自然增长率控制在8‰以下。

（6）农村生态环境明显改善。农村面源污染得到控制，水土流失面积占土地面积比重下降到6.4%，农村生活饮用水合格率达到90%以上，农村生活垃圾处理率达到50%以上，生态环境质量继续保持全国先进水平。

（7）农村民主政治和精神文明建设进一步加强。60%以上的乡村党组织达到“五个好”目标要求，村务决策听证和村集体会计委托代理制度全面推行，农民对村务公开的满意度达到80%以上，30%以上的村建成县级以上文明村，40%以上的农户成为文明农户，90%以上的乡村达到平安标准。具体量化指标见表6-1。

表6-1　“十一五”期间福建省新农村建设主要指标

指　标	“十一五”建设指标
农林牧渔业增加值发展速度（%）	3～4（扣除价格因素）
农林牧渔业劳动生产率（元/人）	超过23 580
农民人均纯收入年均增长（%）	6
农村固定资产投资增长速度（%）	15以上
每公顷耕地农机总动力（千瓦）	10
森林覆盖率	继续保持全国前列
农村居民居住质量指数（%）	67
农村居民恩格尔系数（%）	43
农村人口平均预期寿命（岁）	74
城镇化率（%）	52
新型农村合作医疗覆盖率（%）	80
农村人口自然增长率（‰）	8以下
农村出生人口政策符合率（%）	90以上

（续）

指　　标	“十一五”建设指标
农村生活用水合格率（%）	90以上
农村生活垃圾处理率（%）	50以上
农户电话普及率（%）	80
农村有线电视入户率（%）	60以上
农村初中毛入学率（%）	95以上
农民文化生活消费支出比重（%）	12
农村卫生厕所普及率（%）	50
“五个好”乡村党组织比重（%）	60以上
农民对村务公开满意度（%）	80以上

6.2　新时期福建省农村经济社会的发展趋势

经过改革开放30年，福建农村逐步建立起符合社会主义市场经济要求的农村新经济体制框架，解放和发展了农村生产力，使得农业发展超越了长期短缺阶段，呈现出总量大体平衡、丰年有余的新格局，解决了广大人民群众的吃饭问题；乡镇企业异军突起，带动了农村产业结构调整、就业结构变革和小城镇发展，开创了一条有中国特色、福建特点的农村工业化和城镇化道路；农民生活水平显著提高，农村经济社会进入建设新农村和城乡统筹发展的新阶段。

党的十七届三中全会认为，我国总体上已进入以工促农、以城带乡的发展阶段，进入加快改造传统农业、走中国特色农业现代化道路的关键时刻，进入着力破除城乡二元结构、形成城乡经济社会发展一体化新格局的重要时期。根据党的科学判断并结合福建省的具体实际，笔者认为福建农村经济社会的未来发展趋势将会向“农业现代化”、“农村城镇化”和“农民知识化”方向发展。

6.2.1　农业现代化

农业现代化，系指用现代技术装备和管理手段改进传统农业，使资源配置、生产工具、生产效益、劳动者素质达到世界先进水平的过程。改革开放以来，全省农业生产条件不断改善，水利建设事业蓬勃发展，农业机械化水平迅速提高，农村电力建设、道路建设日新月异，农业产业化龙头企业的带动作用日益增强，推动了福建省农业向着现代化方向迈进。如积极推进闽台农业合作，引进台湾的良种和技术将会带动高附加值、高技术含量的畜牧、水产、园艺产业及其加工品发展；重点建设闽东南高优农业、沿海蓝色农业、闽西北绿色农业三大特色产业带，等等。但福建农业现代化也存在着一些现实问题，如耕地数量减少，质量下降；农业基础设施仍然滞后，抵御自然灾害能力低；农业生态恶化；农业科技的推广规模小；科研成果转化率低；农民素质低；土地细碎化与农业机械化之间的矛盾等。

要解决农业现代化过程中的问题，还必须在现实的基础上，发展现代农业，按照高产、优质、高效、生态、安全的要求，加快转变农业发展方式，采用新的生产组织方式和销售方式，推进农业科技进步和创新，采用新的农业生产技术、新的投入和生产装备，健全农业产业体系，提高土地产出率、资源利用率、劳动生产率，增加福建农业抵御自然灾害能力、可持续发展能力。

6.2.2　农村城镇化

改革开放以来，政府制定了一系列保证小城镇稳步发展的方针、政策、法律、法规，使得福建小城镇建设逐步朝规范化、法制化方向发展；同时，改革开放促进了福建省农村二、三产业持续、健康、快速发展。乡镇企业作为农村非农产业的主体，异军突起、发展迅速，显示出强大的生命力，个体经济、民营经济、“三资”企业的蓬勃发展，非农人口大量增加，小城镇建设有了资金积累，实力增强，为农村城镇化、城市化的发展奠定了坚实的经济基础。

目前，福建城镇职能已由地方中心型向专业型转化，出现了一大批以工业为主要职能的城镇。闽东南沿海城镇数量多，分布密集，形成城镇密集区；内地山区城镇密度较低，沿交通干线成带状“链珠状”式分布。在这个基础上，未来福建省的新农村建设，还必须继续促进农村城镇化。只有农村小城镇发展规模不断扩大及投资力度不断加大，农村的基础设施才能逐步配套；只有农村小城镇经济实力进一步提升，聚集效应与辐射功能逐步增强，农民才能从农村城镇化的过程中得到实惠；只有农村城镇化，才能促进农村二、三产业的发展，带动劳动力从农业向非农产业转移，城镇就业结构才能日趋合理。也只有农村城镇化，最终才能建成“生产发展、生活宽裕、村容整洁、乡风文明、管理民主”的新农村，形成城乡一体化发展的新格局。

6.2.3 农民知识化

建设社会主义新农村是我国现代化进程中的重大历史任务，也是党中央根据当前我国经济社会发展形势做出的重大战略决策。农业的主体是农民，农村的主体也是农民。建设社会主义新农村是涉及亿万农民切身利益的伟大事业。建设新农村，关键是要调动农民的积极性、主动性和创造性，引导他们用自己的双手创造美好的家园，培育新农民是建设新农村的首要环节。从一定程度上说，农民的文化素质、技术能力和思想道德水平，直接决定着新农村建设的进程。农民的知识化、现代化是新农村建设的前提和条件。如果没有农民的知识化，新农村建设就变成了“空中楼阁”。因此，农民知识化是推进新农村建设的智力支撑，也是新农村建设的必然要求。

根据《福建省全国农业普查主要数据公报》的数据显示，截至2006年末，全省农业从业人员613.87万人，按文化程度分，文盲占9.5%，小学占51.6%，初中占34.4%，高中占4.1%，大专及以上占0.4%（表6-2）。

表 6-2　福建省农业从业人员文化程度构成（%）

	全省	福州市	厦门市	莆田市	三明市	泉州市	漳州市	南平市	龙岩市	宁德市
文盲	9.5	7.8	13.1	11.3	10.6	7.0	8.1	7.6	12.4	13.7
小学	51.6	53.2	52.4	48.9	52.7	51.5	50.1	52.2	45.6	57.5
初中	34.4	34.7	29.3	35.6	31.9	37.6	36.9	35.6	34.9	26.2
高中	4.1	3.9	4.5	4.0	4.3	3.5	4.6	4.0	6.7	2.3
大专及以上	0.4	0.5	0.7	0.3	0.6	0.4	0.3	0.6	0.5	0.2

资料来源：福建省统计局：《福建省全国农业普查主要数据公报》（2号）。

中外经济学家的研究证明，生产力的发展由主要依靠劳动数量的增加转变为质量的提高，劳动者技术、文化等人口质量方面因素的作用日益重要。据学者研究表明，20 世纪初劳动生产率的提高有 20%是来自技术进步，中期提高到 30%，目前达到近 80%，有的部门甚至达到了 100%，科学技术转化为现实生产力显示出强大的力量。而福建省农民的素质限制了农民收入的增长，制约了农业人口的控制和转移，造成农业生态资源破坏，阻碍了农业科技进步与技术推广，导致农业产业化进程缓慢，也距离新型农民的要求有很大的差距。因此，未来福建省必须进一步强化农村基础教育，积极发展农村职业技术教育和成人教育，实行农民资格证书制度，使农民成为知识型的农民，以适应农业现代化、农村城镇化对建设主体的素质要求。

6.3　福建省农民教育的未来发展战略

农民教育发展战略研究，就是要探讨在未来一定时间内，农民教育发展的有关全局性、长远性、根本性问题的谋划。笔者以党的十七大和十七届三中全会精神为指导，根据《福建省国民经济和社会发展第十一个五年规划纲要》、《福建省三条特色农业产业带、四大主导产业和九个重点特色农产品发展区域布局规划》

和农业部《农业“七大体系”建设规划》、《全国优势农产品区域布局分品种规划》、《海峡西岸新农村建设规划》，提出海峡西岸（福建）新农村建设过程中的农民教育发展战略。农民教育发展战略主要阐述未来福建农民教育发展的基本原则、总体目标、战略重点、战略步骤，可作为未来福建农民教育工作安排、项目实施和研究的重要依据，对于转变农业增长方式，发展农村经济，增加农民收入，全面建设海峡西岸（福建）社会主义新农村具有一定的理论意义。

6.3.1 基本原则

1. 立足于农民的持续增收

坚持把增加农民的收入作为新农村建设中农民教育的首要原则，大力发展农村非农产业，加大力度实施农村劳动力转移培训“阳光工程”，大规模开展以先进实用农业技术、务工技能和三产服务技术为主要内容的教育培训，提高农民的整体素质，增强农民的科技致富、市场竞争和自主发展能力，促进农民持续增收。

2. 立足于海峡西岸的现代农业发展

要根据海峡西岸经济区和现代农业建设的需要，通过加强和改进农民教育，巩固和加强农业基础地位，推进农业结构调整，加快农业科技进步，转变农业增长方式，大力发展高产、优质、高效、生态、安全农业，推动海峡西岸传统农业向现代农业发展。

3. 立足于海峡西岸的新农村建设

要根据海峡西岸社会主义新农村建设目标，不断创新农民教育的内容和运行机制，进一步完善县、乡、村三级教育培训网络，推进“农科教结合”和“三教统筹”，不断增强农民教育为农业生产、农村经济发展和新农村建设服务的能力，加快推进新农村建设的进程。

6.3.2　总体目标

总结国际、国内农民教育发展的历史经验，分析福建省农民教育面临的形势和任务，审视福建农民教育发展的现状和问题，遵循农民教育发展的一般规律，适应建设社会主义新农村宏伟目标的要求，积极推进农民教育综合改革，实行三教统筹和农科教结合，在确保“两基”巩固提高的基础上，因地制宜，创造条件，积极发展农村职业教育和成人教育。充分利用教育资源，扩大教育、培训规模，提高教育质量和办学效益，构建一个充满生机和活力的，适应农村长远发展和社会主义新农村建设全局需要的新型农民终身教育体系和运行体制，全面提高农村劳动者的科技文化素质，全面促进农村经济发展和社会主义新农村建设。

6.3.3　战略重点

（1）创建适应新的农业科技革命和市场经济发展需要的，遵循教育发展规律的、运作高效的海峡西岸（福建）现代农民教育管理体制和激励机制。

（2）完成农民教育不同办学类型（层次）的调整，明确农民教育指导思想、培养目标、层次与实质内涵相统一的，适合农村社会经济发展需要的各个层次农民教育体系。

（3）加强农民教育项目规划，在继续办好已有项目的基础上，优先发展符合本地实际、符合农民需要的重点培训项目，重视和发展直接为地方经济建设服务，并适应经济结构调整和劳动力转移需要的新项目，努力建构较为齐全的农民教育培训项目体系。

（4）加快现代教育技术建设与应用，延伸教育触角，拓宽教育市场，建立农民终身教育和农民远程教育服务体系，使之成为农民教育全系统和全过程的重要组成部分，着力提高农民教育的技术水平和服务能力。

6.3.4 战略步骤

海峡西岸（福建）新农村建设中的农民教育战略步骤分为两步。到2010年为第一步，在适度扩大农民教育规模中，加强内涵建设，持续重视农民教育发展，加大农民教育投入，改革农民教育体制，优化农民教育结构，培育好农民教育师资队伍；到2020年为第二步，在稳定规模中，着力内涵发展，发挥好后发优势，赶上发达地区的农民教育水平，为实现福建省社会主义新农村建设目标，为把福建建设成为科学发展的先行区、两岸人民交流合作的先行区提供智力支持和人才保证。

6.4 加强和改进福建省农民教育的对策研究

6.4.1 构建福建省农民教育的法律体系

党的十六届五中全会明确指出：深入实施人才强国战略，壮大人才队伍，是提升国家竞争力的决定性因素。《全国农业和农村经济发展第十一个五年规划（2006—2010年）》也提出：要加强农村实用人才和技能人才培养，促进农民由体能就业向技能就业的转变。党的十七大报告提出：大力开展农民教育培训，开发农民职业技能，是提高农村劳动力素质，培养有文化、懂技术、会经营的新型农民，推进现代农业发展和社会主义新农村建设的重要智力支撑和人才保障。农民教育已经成为今后国家工作的重点之一，农民教育的发展将出现新的突破。

从世界范围看，发展农民教育，已经成为发达国家政府与民间的共识。一些国家和地区已将农民教育法制化、体系化。美国早在1862年，美国国会通过《莫雷尔法》，规定联邦政府通过土地奖励的办法，为各州提供资金，开办“农工学院”或“赠地学院”，发展农艺和机械工艺技术教育。《莫雷尔法》出台后，联邦政府相继推出一系列补充法案，很快美国就有28个州相继建立了 68 所“赠地学院”。欧洲各国普遍实行农民资格考试，政府规定必须完成一定的农业职业教育，一般两年以上，考试合格发给“绿色证书”，才有资格当农民。英国于 1982 年颁布《农业培训局法》，以此来保证农民教育的顺利进行。法国政策规定：农民必须接受职业教育，取得合格证书，才能享受国家补贴和优惠贷款，取得经营农业的资格。

在亚洲国家，对于农民教育的重视主要表现在国家法律制度方面，尤其以日本和韩国最有代表性。1949 年日本颁布《社会教育法》，利用公民馆、图书馆等设施对农村青少年、妇女进行教育。1953 年颁布《青年振兴法》，由政府资助在村镇对青年农民进行培训，从而使农业教育更加正规化、现代化、制度化。韩国 1949 年颁布《教育法》，规定了相关农业教育的条例。1963 年颁布的《农业局中教育课程》规定了教育的目的是培养作为中坚农业经营者，具有从事农业科技工作的实际能力，开展综合经营，为区域社会的开放与国家发展做出贡献。1980 年 11 月韩国制定了《农渔民后继者培养基本法》，1990 年 4 月韩国国会通过了《农渔村发展特别措施法》，同时确立了农渔民后继者培养制度和专业农户的培养制度。

如前所述，尽管中国的相关法律条文涉及农民教育培训，但中国至今仍没有专门的农民教育培训法规，这对于农民数量占全国总人口 60%左右的农业大国来说，是存在着法律方面的不协调性。加强农民教育立法意义重大。福建省应该像第一个制定了终身教育的地方法规——《福建省终身教育促进条例》一样，聘请有关的法律专家、农民教育专家和政府相关管理部门以及农民代表进行探讨研究，制定出我国第一部有关农民教育的地方法规——《福建省农民教育促进条例》，为促进农民教育的顺利开展提供法律依据，为我们国家将来制定《中国农民教育法》提供经验。

《福建省农民教育促进条例》应该包括：福建省农民教育的

指导思想、农民教育的目标、农民教育的主体、农民教育的体系、农民教育的投入、农民接受教育培训的权益、农民教育的具体操作规程、政府的地位与作用、农民教育的项目管理、农民教育的监督和评估、农民教育教学体系、农民教育的证书管理等方面的内容。这些内容应该是明确的、具体的，具有可操作性，而不应该是含糊、笼统、原则，缺乏实际操作可能或者操作规范。通过法律的形式，把农民教育的经费投入、资源的管理和利用、项目的实施和监控等农民教育过程中的重大问题及解决方案以法律条文的形式固定下来，用法律保障福建省农民教育事业的健康有序发展。

6.4.2 完善福建省农民教育的管理体系

1. 要加强对农民教育的领导和管理

福建省委、省政府应加强对农民教育工作的重视和领导，并牵头建立以福建省教育厅为农民教育培训综合管理部门，以农林水高校为实施主体，农业、林业、水利、渔业、科技、劳动、旅游、广电、卫生、国土资源、工会、共青团、妇联、科协等协调配合、支持参与的农民教育大格局。各级地方政府要参照省级做法，进一步理顺农民教育的管理体制，发挥各有关部门、组织的积极作用，抓好各项工作任务的落实。因为，从农民教育的内容来看，农民教育培训已不仅局限在传统的农业范围内，还涉及第二产业、第三产业的更为广阔的范围，这就不仅是农口部门一家或者几家就能承担的。从国内外农民教育的发展趋势看，农民教育是朝着农民职业教育、农民学历教育的方向发展，并随着我国九年义务教育、高中教育和高等教育的发展，有向更高层次发展的趋势。因此，按照农民教育要与经济社会发展相协调、与农民自身素质状况相符合的要求，就必须改变目前福建省农民教育“多头管理、以农为主、局部有序、整体混乱”的格局，充分发挥教育主管部门及其所属相关学校在农民教育中的基础性、系统性、综合性作用和学科齐全、师资充足、手段先进的优势，以稳定的、高质量的农民学历教育支撑灵活多样的农民非学历教育，带动农民教育整体水平的提高。

2. 整合农民教育资源，优化农民教育项目

随着农民教育主管机构的改变，要把目前分属于众多部门、职能相同或相近的农民教育相关管理机构进行精简、合并，强化教育厅专司农民教育职责的部门，这样就可以精简办公人员，节约经费开支，降低农民教育的管理成本，提高农民教育效益，统一农民教育的管理。特别是要把原来分属于不同单位和部门农民教育的资源进行整合，使各自为政的普通高校、职中、农广校、农技校、进修学校、成人学校、培训基地等机构围绕农民教育的目标，加强配合协调、分工合作，形成覆盖全面、结构合理、协调高效的农民教育网络。在此基础上，要对现行的五花八门的农民教育培训项目进行综合评定和分类，强化农民教育精品项目建设，淘汰低水平重复的项目，并坚持项目化管理、市场化运作，提高农民教育项目的效益。

3. 加强农民教育工作的评估

要按照针对性、实效性、可操作性原则，建立农民教育工作评价体系。通过农民学员自评、承担单位自评、社会组织、公众评议等方式，对农民教育项目的组织管理、农民教育项目的内容、农民教育项目的成效等进行综合评估，并采取激励和约束机制，推动农民教育工作的健康发展。

6.4.3　健全福建省农民教育的投入体系

1. 要加强政府公共财政对农民教育的投入

农民教育具有“公益性”、“市场性”的两重特性。要根据农民教育“公益性”的特征，按照2006年中央一号文件要求，“各级财政要将农村劳动力培训经费纳入预算”，实现农民教育培训投入的制度化。要根据《福建省农民教育促进条例》（笔者建议制定）的规定，按照“绿籍政策”的要求，每年从政府财政收入中提取一定的比例投入农民教育，保证农民教育有稳定的资金投入，推动农民教育健康持续地发展。

2. 要拓宽农民教育多元化的投入渠道

要根据农民教育“市场性”的特征，按照“谁受益、谁埋单”的原则，并积极运用金融、信贷、税收等手段，鼓励涉农企业、用工单位、农民专业合作组织等参与农民教育培训事业，逐步建立起以政府扶助为主，社会力量共同参与的多元化投入体系。

3. 坚持农民教育项目经费“基金化”运作

将公共财政对农民教育培训投入资金、企业组织专项投入和社会捐助等，设立农民教育专项基金，支持农民参与各类教育培训。同时，应建立教育培训“回馈”机制，鼓励农民在通过教育培训、提高创业就业能力和收入水平后，以适当方式回报社会、回报农民教育“基金会”，以保证农民教育基金的滚动发展、良性发展。

6.4.4 创新福建省农民教育的运行机制

市场经济条件下，培养教育农民的核心是要提高农民适应经济社会的自我发展能力，增加收入。因此，农民教育培训工作要符合市场经济运行规律，发挥市场机制的作用。

1. 教育培训内容要根据市场需求确定

针对留在农村从事农业生产的“专业农民”的科技培训，要围绕市场前景好，需求强烈，具有农业资源优势、规模经济优势的主导产业的产前、产中、产后各生产环节的技术要求，确定培训内容、设置培训课程。重点是“围绕主导产业、培训专业农民、实行整村推进、打造一村一品”。针对留在农村从事农业生产的同时，还从事一定的第二、三产业的“兼业农民”，要按照农村城镇化的需要，开展相应的非农职业教育培训。针对脱离农业生产、专门从事第二、三产业的“转业农民”，要围绕就业前景好，需求强烈的工种设置培训专业，按照用工单位的岗位职业技能的要求设计培训内容，实行订单培训。

2. 教育培训机构选择要市场化

要采取招投标形式，面向社会公开、公正、公平确定教育培训机构，通过市场机制，让办学条件好、教育培训质量高的培训机构来承担农民教育培训项目。

3. 农民参加教育培训市场化

要改变过去由政府部门自上而下的单向培训模式，让农民根据市场需求，按照个人意愿，双向选择培训机构和培训项目，采取“点菜式”、“订单式”，自主参加培训，自主选择培训专业，自主选择培训单位。

6.4.5　改革福建省农民教育的教学体系

农民教育的需求具有地域性、多样化、选择性、实用性和阶段层次性等特点，因此，无论是农民教育的类型结构、层次结构、布局结构、形式结构、专业结构，还是农民教育的内容、方法、手段等都要与现阶段农民教育的特点相一致，并随着农业和农村经济的发展而发展。

1. 要优化农民教育的结构体系

在类型结构上，要坚持“农”与“非农”并举，在加强现代农业科技知识教育培训的基础上，积极向第二、第三产业等非农方向发展；在形式结构上，要坚持学历教育与非学历教育并重，以规范的、高质量的学历教育支撑、带动非学历教育，这是国际农民教育的成功经验，也是我国农民教育发展的必然趋势；在层次结构上，要坚持初、中、高等农民教育并存，现阶段以中等农民教育为主；在办学体制结构上，要坚持公办、民办、闽台合办并行，鼓励在各自层面上发挥优势；在布局结构上，要坚持以省会城市高等农业院校为龙头、县市农业职业中专为重点、乡镇农民学校（设在乡镇中学）为依托；在专业结构上，要坚持办好种植类、养殖类、加工类、市场营销类、经营管理类等大农、涉农专业，并努力办好与农村劳动力转移密切相关的第二、三产业专业，推动农村劳动力向非农领域转移就业。

2. 要改革农民教育的内容、方法、手段

改革要坚持以科学发展观为指导，坚持以人为本，以农民为中心，体现出农民才是教育的主体，改变过去的“单向选择、被动学习”的做法。在教育内容上，必须坚持实际、实用、实效的原则，突出重点、学以致用。实施农民科技教育，必须围绕当地政府制定的经济发展的总体思路，瞄准规模产业来开展。同时，农民教育要从单一的技术教育向政治、经济、文化、社会等多层次全方位教育拓展。

长期以来，农民教育只在技术（经济）层次上运作，落后的社会文化环境和传统的宗法性社会组织结构使现代科技和现代经济思想难以在农村生根。农民教育应当在培养农民进取精神，改变落后的思想行为习惯，提高农民政治觉悟，突破农村传统社会组织结构，促进农村现代化建设方面起到更大的作用。在教育方法上，必须坚持理论联系实际，适应群众要求，群众喜闻乐见、易于接受，才能实现最佳教育效果。一是现身说法。农民信奉的是“耳听为虚，眼见为实”，他们希望听身边的人讲自己的事。教员授课，结合讲技术，汇报自己在应用新技术过程中遇到的实际问题，解决的办法，畅谈感受和体会，告诫大家应注意的问题，把农民的思想完全引入到现实意境之中。二是现场指导。百闻不如一见，在农民身边摆设现场，亲眼目睹操作过程，为他们提供学习的榜样，甚至提供尝试的机会，农民便会充满信心，鼓足勇气和力量。在教育手段上，要将现代教育技术引入农民教育之中。充分利用省市县电视台、电台，举办农业、科技专题节目，用电波把科学技术和市场信息传递到农村千家万户。利用现有的电教设备，开展巡回教育，或利用宣传车、赶科技大集，到集市上去播放技术专题片，现场解答农民提出的问题，为农民排忧解难。充分发挥农村远程教育网络建设的功用，采取双向、互动方式，突破时间、空间限制，更好地为农民多样化的教育需求服务。

3. 要切实加强农民教育主体建设

根据上面的分析，笔者认为，各级教育行政部门应该成为农民教育的主管单位，各级农业学校应该成为农民教育的主体力量，逐步形成以福建农林大学为龙头，地市职业技术学院和农校、县市农业职业学校为重点，乡镇农民学校（设在乡镇中学）为依托的农民教育办学网络。现阶段，应以县市级农业职业学校建设为重点（图6-1）。因为，福建农林大学作为福建省一所重点建设的多科性大学，在为农民教育服务方面具有较高的能力和水平，应该负责农民高等学历教育和高端培训项目。地市级学校的功能将会逐步弱化，因为随着通讯的现代化和交通条件的改善，地市一级管理层面的作用将会越来越小，将来要逐步过渡到以县为主。因此，县市级农业职业学校应该成为现阶段农民教育的建设重点。县市级农业职业学校要充分发挥优势，在做好中等学历教育的同时，要大力加强农业职业教育和非农职业教育，即开展好"绿色证书工程"、"蓝色证书工程"。"绿色证书工程"主要为培养"专业农民"服务，着力提高农民在现代农业领域的创业能力；"蓝色证书工程"主要为培养"兼业农民"、"转业农民"服务，着力提高农民在农村非农领域就业增收能力和向城镇转移就业能力。县市级农业职业学校要通过政府拨款、企业投入、社会捐助等形式，建立农民教育培训"基金"；要根据区域农村经济发展的需要和自身的办学能力，建立农民教育培训"项目库"，让农民根据需要自主选择培训项目，并采取"基金"补助为主，农民自身适当承担部分费用的原则，解决办学成本问题。

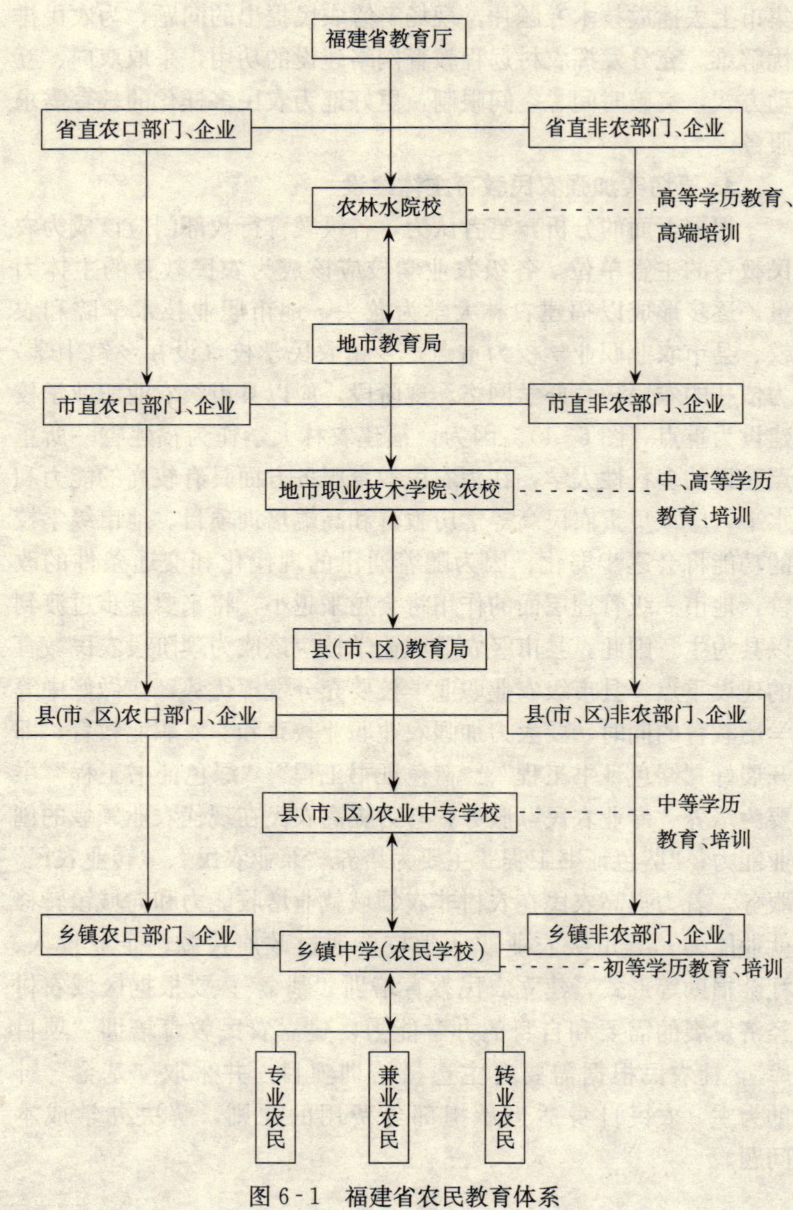

图 6-1　福建省农民教育体系

6.5　本章小结

根据福建省新农村建设的目标任务和未来福建省农村经济社会发展的总体趋势，提出福建省农民教育的未来发展战略，以及在制定农民教育的法律法规，保障农民教育的投入，完善农民教育的管理体系和运作机制，改革农民教育教学体系等方面的具体对策措施。

第七章　结　语

7.1　本研究的基本结论

建设社会主义新农村应是农村经济发展、农村社会进步与农民素质同步提高的过程。不断提高农民素质，培养新型农民，是促进农民增收的有效之策，是建设社会主义新农村的必由之路，也是从根本上解决“三农”问题的根本措施。提高农民素质、培养新型农民是社会主义新农村建设的内在要求，提高农民素质、培养新型农民是社会主义新农村建设的有力保证，二者相互促进，不可分割。然而，由于历史和现实的种种原因，当前我国农民的文化素质、科技素质、经营管理素质以及身心素质四个方面仍存在着许多不尽如人意的地方，与社会主义新农村建设的要求还相差甚远。因此，福建省应充分抓住社会主义新农村建设的良好契机，按照新农村建设培养“有文化、懂技术、会经营”的新型农民的要求，加快农民教育的改革和创新，不断提高农民素质，培养新型农民，必将有助于社会主义新农村建设这一重大历史任务的实现。

（1）在建设社会主义新农村的过程中，“农业、农村、农民”问题即“三农”问题始终是关系福建省实现农业现代化和全面建设小康社会的重大问题，农民的教育培训已经成为解决“三农”问题、提高农村劳动力素质和人力资本存量、促进福建省农业和农村经济又好又快发展的关键问题。

（2）论述了福建省农村人力资源的现状及其特点。福建省是一个人力资源大省，但不是一个人力资源强省，农民教育直接影响着福建省农村经济发展和农民增收。一是福建省农村人口数量庞大，但整体素质不高；二是福建省农村劳动力受教育程度不高，低于城镇居民的受教育程度。农民教育虽取得一定的成果，但距离新型农民的要求差距较大，等等。

（3）通过对农民教育培训需求的调查发现，绝大多数农民认为农民教育培训非常重要，有70%以上的农民希望能加强农民培训工作。农民对培训内容要求也不再是单一的农业知识和技术，而是呈现出多样化趋势：有一部分农民倾向于学习一些非农领域的技能，为外出务工、进行劳动力转移做好准备；有一部分农民愿意接受500元以上的农民培训，表明农民不再因为投资因素而放弃自我能力提高的机会，而是更多地看到了农民教育培训的长效性，愿意先投资再考虑收益。由此看出，更多的农民认识到了农民教育培训是提高自身素质的根本途径，培训需求强烈。

（4）近年来，福建省根据中央的决策部署，采取了一系列加强农民教育的措施，逐步树立和完善农民技术人员职称制度和农民技术资格证书（绿色证书）制度，把农民教育同发展农村经济结合起来。通过改革和发展农村教育，不仅提高了农民科技文化素质，而且振兴了农村经济。农民教育为福建省农业和农村经济社会发展发挥了积极的作用。

（5）虽然福建省已经初步形成了一套较为完整的农民教育培训体系，但还不能完全适应社会主义新农村建设对新型农民的需求，要真正完成培养新型农民这一重任还存在一些制约因素。各级领导及广大农民对加强农民教育培训、提高农民素质的认识不足，缺乏刚性的规定和投入政策；农民提高自身素质需求的变化必然带动农民教育培训需求的变化，从而对农民教育培训机构的要求越来越高。但是由于农业收益比较低，农民教育资源不断萎缩，科技培训队伍相对薄弱，培训机构体制改革和教育层次的提升速度缓慢；农民教育不能形成文化教育、专业技能教育、学历教育、非学历教育的完整链条，导致农民教育培训的不协调和不完整，制约了农民素质提高的速度；农民教育培训的资金投入短缺，从而限制了农民教育的发展和普及；农民教育培训缺乏法律法规的保护，影响了农民教育的规范化进程。为更好地发挥农民教育培训的作用，提高农民科技文化素质，推进社会主义新农村建设，就必须继续加强福建省农民教育体系建设，并在农民教育保障法制化、农民教育投入多元化、农民教育管理项目化、农民教育主体学校化、农民教育运作市场化等方面提出了新的思路和对策。

7.2 研究可能的创新

本研究可能的创新之处有两点：一是目前研究农村人力资源开发的论文很多，但是很少有人把农民教育作为研究的重点，尤其是还没有专门从事福建省农民教育的系统研究。本书把福建省的农民教育作为研究对象，通过历史总结、比较研究，在时间、空间两个领域对福建农民教育进行大跨度、系统化的研究，填补了福建省农民教育研究的空白，丰富了农民教育研究的内容，为未来进一步研究区域农民教育奠定了一定的基础。二是以现状分析、问题剖析为基础，以立足长远、推动发展为目标，提出了福建省农民教育的未来发展战略，以及福建省农民教育在法律保障、管理体制、经费投入、运行机制、教育体系等方面应采取的对策措施，对于进一步加强和改进福建省农民教育具有一定的理论意义和现实指导作用。

7.3 研究存在的不足

农民教育的研究涉及众多学科和许多复杂的问题，限于笔者水平和学识，本研究并未完全达到预期的成果，还存在着许多局限性：一是从研究方法角度看，问卷调查覆盖面不够广，可能使得样本的代表性和研究结论的适用范围受到一定限制；调查访谈的对象数量有限，而且缺少对农民教育相关管理部门的深入调查访谈，这在一定程度上影响了研究结论的准确性。二是从研究者自身的素质看，农民教育这个复杂社会问题的研究，要求研究者具有广泛的学科背景知识、丰富的调查研究经验。如由于笔者原有的数学基础的局限，对怎样构建数学模型（如农民教育与农民收入增长之间关系模型、农民教育与农业经济之间的分析模型、农民教育投入产出模型等），这些对笔者而言心有余而力不足，有待今后研究加以改进。同时福建省新农村建设本身就是一个动态的过程，本研究结果还带有一定的静态特征。

总之，因受自己知识结构及时间、资料、经费等方面的限制，笔者清醒地意识到，对一些问题的认识深度和准确度还不够。虽然查阅了大量有关的资料，进行了实地调查研究，也有所创新，但并未达到原来预想的效果，而且，有很多问题还需要做进一步研究。

7.4 有待研究的问题

农民教育是一个涉及社会方方面面的系统工程。本研究在一定程度上深化了对福建省农民教育的整体认识。通过对福建省农民教育需求的分析，总结出福建省农民教育的一些带规律性的特点，并对福建省农民教育过程中存在的问题，在理论、政策、管理和操作方面提出了新的对策和建议。但还有很多问题没有深入研究，希望在今后的工作和学习中能够进行进一步的探索。

（1）对于农民教育需求的研究，还需要更深入细化的调查分析。因为随着农民群体的逐渐分化，例如在区域、年龄、性别、学历、收入水平、家庭环境等方面存在着个性化差异的农民对教育的需求肯定也会不尽相同。影响他们参加学习的因素也会不同。这些都需要做进一步的跟踪研究，进行深入的探讨。

（2）农民教育法律法规的具体制定问题。我国还没有一部专门的农民教育法规，地方政府更是没有出台相关的法律条文。作为福建省来说，如何制定一部地方法规来规范农民教育是一个重要的问题。本书虽然提出了农民教育立法这个命题，但在立法的细节上还需要进行具体、深入的研究。

（3）对农民教育进行量化评估方面还要进行深入的研究。如评估指标体系的构建等。

（4）本书虽然提出了县市级农业职业学校是现阶段农民教育主体建设的重点，但在其具体建设内容上，还需要进行深入的调查研究。

7.5 本章小结

在经过深入的探讨和研究之后，形成了本书的基本结论。作为第一次系统地对福建农民教育的研究，可能会存在着一定瑕疵，但它积极的意义也是肯定的。相信随着后续问题的进一步研究，福建农民教育的理论和实践一定会更上一个层次，所形成的研究成果也必将促进福建省农民教育的蓬勃开展，更好地推动福建省新农村建设。

参 考 文 献

1. 外国著作

[1] Daniel Harrision KulpII. Country Lifein South China the Sociology of Familism. NewYork：Columbia University Press，1925

[2] J. L. Buck.《中国农家经济》. 金陵大学出版社，1937

[3] PearlS. Buck. The Good Earth. Methuen Paperbacks，1975

[4] John King Fairbank. 费正清文集，世界知识出版社，2001

[5] John King Fairbank，张理京译 . 美国与中国 . 世界知识出版社，1999

[6] 中国农村惯行调查会 . 中国农村惯行调查（全 6 卷），岩波书店，1952～1957

[7] C. K. Yang. Religionin Chinese Society，A study of Contemporary Social Functions of Religion and Some of their Historical Factors，University of California Press. Berkely

[8] William Hinton，Fanshen. A Documentary of Revolution in a Chinese Village. New York：Random House，1966

[9] Chan，Anita，Richard Madsen，and Jonathan Unger. Chen Village Under Mao and Deng. Berkeley：University of California Press，1992

[10] Richard Madsen. Morality and Power in A Chinese Village. Berkeley：University of California Press，1984

[11] Burton Paster-nak. Kinship and Community in Two Chinese Villages. Stanford：Stanford University Press，1972

[12] Huang，Philip. The Peasant Economy and Social Change in North China. Stanford：Stanford University Press，1985

[13] Huang，Philip. The Peasant Family and Rural Development in the Yangzi Delta，1350—1988. Stanford：Stanford University Press，1990

[14] Prasenjit Duara. Culture，Power，and the State：Rural North China，1900—1942. Stanford：Stanford University Press，1988

[15] Todaro M. P. Economic Development in the Third World. New York: Longman Inc，1981：315
[16] Yang ，Tao D. Education and Off-farm Work. Economic Development and Cultural Change，1997（3）
[17] Engle R F，Granger CW J. Integration and Error Correction：ep resentation，estimation and testing. Econometrica，1987（55）：251～276
[18] Mincer，J. Schooling，Experience，and Earnings. New York：National Bureau of Economic Research，1974
[19] Mankiw，N. Gergory，David Romer，and David Weil. A Contribution to the Empirics of Economic Growth. Quarterly Journal of Economics，Vol. 107 Issue，1992 (2)：407～437
[20] Islam，N. Growth Empirics：A Panel Data App roach，Quarterly Journal of Economics，Vol. 110 Issue，1995 (4)：1127～1170
[21] Schultz，T. The value of ability to deal with disequilibria，Journal of Economic Literature，1975 (13)：834
[22] Schultz，T. W. Transforming Traditional Agriculture. Yale University Press，1987
[23] Harbinson，F. H. Human Resource as the Wealth of Nations. Oxford University Press，1973
[24] Todaro，M. P. Economic Development in the Third World. Longman，Fourth Edition，1985
[26] Schultz，T. W. Investing in people：The Economic of Population Quality. University of California Press，1981
[27] Gillis，M. Perkins，D. h. Roemer，M. and Snodgrass，D. R. . Economics of Development. Norton&company，1983
[28] Ghatak，S. and Ingersent，K. . Agriculture and Economic Development. Wheatsheaf Books，1987
[29] Lewis G. J. Human Migration. Groom Helm Ltd. 1982
[30] Goldschieder. G. Urban Migrants in Developing Nations. Westview Press，1983
[31] [美] 戴维·波普诺．社会学（下册）．辽宁人民出版社，1987
[32] [美] 加里·S·贝克尔著，梁小民译．人力资本．北京大学出版社，1987
[33] [美] 威尔科克斯著，刘汉才译．美国农业经济学．商务印书馆，

1987
[34] [美] 塞缪尔·亨廷顿著，王冠华等译．变化社会的政治秩序．三联书店，1989
[35] [美] 刘易斯·芒福德著，倪文彦等译．城市发展史：起源、演变和前景．中国建筑工业出版社，1989
[36] [美] W·A·刘易斯著，施炜等译．二元经济论．北京经济学院出版社，1989
[37] [美] 雅各布·明塞尔著，张凤林译．论人力资本投资——教育和研究的作用．商务印书馆，1990
[38] [美] T·W·舒尔茨著，吴珠华等译．论人力资本投资．北京经济学院出版社，1990
[39] [美] 迈克尔·P·托达罗著，邱金强等译．经济发展与第三世界．中国经济出版社，1992
[40] [意] A. 布奈尔编著，李晶宜等译．农业的教与学：农业教育工作者指南．中国农业大学出版社，1997。
[41] [日] 速水佑次郎，[美] 弗农·拉坦著，郭熙保，张进铭等译．农业发展的国际分析．中国社会科学出版社，2000
[42] [日] 祖田修著，张玉林译．农学原论．中国人民大学出版社，2003
[43] [美] D. 盖尔·约翰逊著，林毅夫，赵耀辉编译．经济发展中的农业、农村、农民问题．商务印书馆，2004
[44] [美] H·孟德拉斯著，李培林译．农民的终结．中国社会科学出版社，2005
[45] [美] 加里·贝克尔著，郭虹等译．人力资本理论．中信出版社，2007

2. 中国著作

[1] 中国农村发展研究中心，中国农业科学院农业经济研究所选编组．马克思、恩格斯、列宁、斯大林、毛泽东关于农业若干问题的部分论述．农业出版社，1983
[2] 王锐生，景天魁．论马克思关于人的学说．辽宁人民出版社，1984
[3] 费孝通．乡土中国．三联书店，1985
[6] 费孝通．城乡发展研究．湖南人民出版社，1989
[7] 袁克昌．农村教育学．南京大学出版社，1992

[8] 邓小平．邓小平文选（第 3 卷）．人民出版社，1993
[9] 彭干梓．农村职业教育．农业出版社，1993
[10] 周永亮．当代农民教育与管理．中国统计出版社，1993
[11] 郑杭生．社会学概论新修．中国人民大学出版社，1994
[12] 张传燧．中国农村教育学．西南师范大学出版社，1994
[13] 孙翔．九十年代日本的农业与农业教育、农业科研推广、农业推广．农业出版社，1994
[14] 周邦任，费旭．中国近代高等农业教育史．中国农业出版社，1994
[15] 杨士谋．中国农业教育发展史略．北京农业大学出版社，1994
[16] 许纪霖，陈达凯．中国现代化史．三联书店，1995
[17] 孙翔，陈建华．中国“绿色证书”制度研究与实践．人民出版社，1995
[18] 祁崇岳．当代农民教育新探．江苏人民出版社，1995
[19] 丰子义．现代化的理论基础．北京大学出版社，1995
[20] 傅春生，周清玉．农民教育学．河南人民出版社，1996
[21] 李水山，许泳峰，王广忠．韩国农业与新村运动．中国农业出版社，1995
[22] 李水山，许泳峰，王广忠．中韩农业教育与区域开发学术会议论文选集．中国农业出版社，1996
[23] 毛泽东．毛泽东选集（第 3 卷）．人民出版社，1996
[24] 洪绂曾．中国农业教育发展战略研究．中国农业出版社，1996
[25] 汪彦伟．农村成人教育概论．高等教育出版社，1997
[26] 黄平等．寻求生存：对农村人口外流的微观社会学研究．云南人民出版社，1997
[27] 庾德昌，王化信．外出农民回乡创业的理论与实践．中国农业出版社，1999
[28] 郑以灵．毛泽东的农民观透视．厦门大学出版社，1999
[29] 李建民．人力资本与经济增长．上海三联书店，1999
[30] 尹保云．现代化通病——二十多个国家和地区的经验与教训．天津人民出版社，1999
[31] 农业部科技司．中国农业教育 50 年回顾与展望．中国农业出版社，1999
[32] 黄明哲．农民教育学概论．江西人民出版社，2000
[33] 刘江．21 世纪中国农业发展战略．中国农业出版社，2000

[34] 赖德胜．教育与收入分配．北京师范大学出版社，2001
[35] 李水山，黄长春．绿色证书在中国——焦点问题研究报告．中国农业出版社，2001
[36] 廖其发．当代中国扫盲和农村教育的回眸与前瞻．西南师范大学出版社，2002
[37] 白南生，宋洪远．回乡，还是进城？——中国农村外出劳动力回流研究．中国财政经济出版，2002
[38] 侯建新．农民、市场与社会变迁：冀中 11 村透视并与英国乡村比较．社会科学文献出版社，2002
[39] 王信领，王孔秀，王希荣．可持续发展概论．山东人民出版社，2002
[40] 徐浩．农民经济的历史变迁：中英乡村社会区域发展比较．社会科学文献出版社，2002
[41] 陈庆．中国农民素质论．当代世界出版社，2002
[42] 申培轩．农村现代化与高等教育发展．经济科学出版社，2003
[43] 杨戈．走向现代农业：农业现代化与创新．中国经济出版社，2003
[44] 陆学艺．“三农论”——当代中国农业、农村、农民研究．社会科学文献出版社，2003
[45] 李水山．中国农村教育焦点问题与发展对策．中国农业科技出版社，2003
[46] 朱启臻．中国农民职业技术教育研究．中国农业出版社，2003
[47] 庞守兴．当代中国农村教育发展史研究．远方出版社，2003
[48] 张遂，马慧琴．中国三农问题研究．中国财政经济出版社，2003
[49] 陈民．农民工维权论．中国工人出版社，2003
[50] 庞守兴．困惑与超越——新中国农村教育忧思录．广西师范大学出版社，2003
[51] 冯治．中国农村现代化道路与规律——张郭研究．人民出版社，2004
[52] 刘豪兴．农村社会学．中国人民大学出版社，2004
[53] 陈桂棣，春桃．中国农民调查．人民文学出版社，2004
[54] 高书国，杨晓明．中国人口素质报告．社会科学文献出版社，2004
[55] 刘斌，张兆刚，霍功．中国三农问题报告．中国发展出版社，2004
[56] 孙津．中国农民与中国现代化．中央编译出版社，2004
[57] 余红，丁骋．中国农民工考察．昆仑出版社，2004
[58] 黄玉捷．内生性制度的演进逻辑：理论框架及农民工就业制度研究．上海社会科学院出版社，2004

[59] 温锐．毛泽东视野中的中国农民问题．江西人民出版社，2004
[60] 陆学艺．当代中国社会流动．社会科学文献出版社，2004
[61] 何建斌等．农民教育理论与实践探索．中国农业出版社，2005
[62] 李水山，王振如．简明现代中国农业教育辞典．中国农业科技出版社，2005
[63] 张宝文．新阶段中国农民教育发展战略研究．中国农业出版社，2005
[64] 李水山．社会主义新农村建设民族干部读本．民族出版社，2006
[65] 李水山．新农村建设启示录：韩国新村运动及启示．广西教育出版社，2006
[66] 李水山．新农村建设启示录：中外农民教育研究．广西教育出版社，2006
[67] 姜卫良．农民教育研究．中国农业出版社，2006

3. 网络资源

[1] 中华人民共和国国务院网．http：//www. gov. cn
[2] 中华人民共和国教育部网．www. moe. edu. cn
[3] 中华人民共和国国家统计局网．www. stats. gov. cn
[4] 中华人民共和国农业部网．www. agri. gov. cn
[5] 福建省人民政府网．www. fujian. gov. cn
[6] 福建省农业厅网．www. fjagri. gov. cn
[7] 福建省林业厅网．www. fjforestry. gov. cn
[8] 福建省统计局网．www. stats-fj. gov. cn
[9] 福建省海洋渔业局网．www. fjof. gov. cn
[10] 福建省农办信息网．www. fjnb. com. cn
[11] 福建省三农服务网．www. fjsnw. cn
[12] 共青团福建省委网．http：//www. fjcyl. org
[13] 福建省妇女联合会网．www. fjwomen. org. cn
[14] 福建省星火计划网．www. fjsp. gov. cn
[15] 福建省科协网．www. fjkx. org
[16] 福建省农林大学网．http：//www. fjau. edu. cn
[17] 福建省农业职业技术学院网．www. fjny. com
[18] 福建省林业职业技术学院网．www. fjlzy. com
[19] 厦门海洋职业技术学院网．www. xmoc. cn

［20］福建省农业科学研究院网 . www. faas. cn
［21］福建远程教育网 . www. fujian. ngx. net. cn
［22］福建省科技厅 . www. fjkjt. gov. cn
［23］福建省劳动和社会保障厅 . www. fjlss. gov. cn
［24］八闽农网 . www. 8min. com. cn

图书在版编目（CIP）数据

新农村建设中福建农民教育研究/林克显著．—北京：中国农业出版社，2009.2
ISBN 978-7-109-13359-4

Ⅰ．新… Ⅱ．林… Ⅲ．乡村教育－研究－福建省 Ⅳ．G725

中国版本图书馆 CIP 数据核字（2009）第 008939 号

中国农业出版社出版
（北京市朝阳区农展馆北路 2 号）
（邮政编码 100125）
责任编辑 赵 刚

中国农业出版社印刷厂印刷 新华书店北京发行所发行
2008 年 12 月第 1 版 2008 年 12 月北京第 1 次印刷

开本：850mm×1168mm 1/32 印张：6.5
字数：210 千字 印数：1～1 000 册
定价：20.00 元